L'AGENDA DE MALUS

a

L'AGENDA DE MALUS

SOUVENIRS

DE

L'EXPÉDITION D'ÉGYPTE

1798-1801

PUBLIÉ ET ANNOTÉ

PAR LE GÉNÉRAL THOUMAS

PARIS

HONORÉ CHAMPION, LIBRAIRE

9, QUAI VOLTAIRE, 9

—

1892

L'AGENDA DE MALUS

SOUVENIRS DE L'EXPÉDITION D'ÉGYPTE

1798 – 1801

AVANT-PROPOS

En lisant le 8 janvier 1855, à l'Académie des sciences, l'éloge du physicien Malus, Arago a cité plusieurs extraits du journal rédigé par ce savant pendant l'expédition d'Égypte, à laquelle il avait pris part comme officier du génie, et comme membre de l'Institut fondé par Bonaparte. C'est ce journal ou *Agenda* qui se trouve intégralement et exactement reproduit dans la présente publication, précédé d'une courte notice sur son auteur et accompagné d'un grand nombre de notes.

1

L'histoire militaire a été la plupart du temps écrite d'après des documents officiels, dans lesquels la vérité est souvent déguisée quand elle n'est pas gravement altérée. On ne se contente plus aujourd'hui de ces récits arrangés pour les besoins d'une cause, on veut remonter aux sources et instruire le procès du passé en s'appuyant sur des témoignages authentiques et désintéressés, fussent-ils même contradictoires. Les hommes qui ont figuré dans les armées de 1790 à 1815 avaient peu le temps d'écrire, quelques-uns parmi les plus célèbres ont laissé cependant des mémoires ou des souvenirs rédigés pendant les loisirs de la paix, plus ou moins longtemps après les événements qu'ils racontent. Ils ont pu commettre des erreurs et n'apprécier les faits qu'à travers le prisme de leurs passions ou de leurs préférences, ou en vue de leur propre glorification. Leurs dires ne doivent être acceptés que sous réserves. Autre chose est des notes cursives rédigées au jour le jour, ou des lettres écrites sur le moment même par des acteurs secondaires, parlant de ce qu'ils ont par eux-mêmes vu ou entendu. Ceux-là peuvent n'avoir aperçu, chacun dans sa sphère, qu'un des petits côtés de la grande question qui s'agitait devant eux. Ce sont, pour ainsi dire, des témoins partiels, mais leurs témoignages, se complétant et se contrôlant les uns par les autres, donnent, en résumé, la connaissance exacte de l'ensemble des faits. De là le succès obtenu dans ces derniers temps par la publication de quelques-uns de ces documents essentiellement originaux, tels que le *Journal du sergent Fricasse,* les *Cahiers du capitaine Cogniet,* l'*Itinéraire de Curély*, le *Journal du canonnier Bricard.*

L'*Agenda de Malus* nous a semblé réunir toutes les conditions voulues pour obtenir à un point de vue plus sérieux le même succès. Rédigé simplement, sincèrement, par un homme doué d'une rare intelligence et d'une grande indépendance de caractère, sans nul souci de la publicité, dans un esprit aussi éloigné du dénigrement que de la flatterie et de l'admiration banale, ce journal donne sous une forme résumée, l'idée la plus nette et la plus vraie d'une expédition qui n'était guère connue jusqu'à présent que par les récits de l'histoire officielle. La précision des détails n'y implique nullement d'ailleurs la sécheresse des exposés : il suffira pour s'en convaincre de lire les passages dramatiques où sont relatés, à la suite de l'exposé des travaux de l'auteur sur la géographie du Delta, la révolte du Caire, la peste de Jaffa, la bataille d'Héliopolis et les événements qui, sous le triste successeur de Kléber, l'incapable Abdalhah Menou, ont entraîné l'abandon de l'Égypte. Dédié à Fourier, l'illustre secrétaire perpétuel de l'Institut d'Égypte, faisant aujourd'hui partic de la bibliothèque de M. Joseph Bertrand, membre de l'Académie française et secrétaire perpétuel de l'Académie des sciences, le manuscrit que nous livrons à l'impression présente tous les caractères de l'authenticité la plus absolue. Nous le reproduisons textuellement.

NOTICE

Né à Paris, le 23 juillet 1775, Étienne-
Louis Malus, fils d'Anne-Louis Malus de Mitry,
trésorier de France, fut élevé dans sa famille
même, et tout en recevant une éducation plus
littéraire que scientifique, il montra cependant
de bonne heure de grandes dispositions pour
l'étude des sciences. A la suite d'un examen il
fut admis en 1793 à l'école du génie de Mé-
zières, mais, soit d'après une exclusion person-
nelle prononcée contre lui par le ministre Bou-
chotte, à cause de la position occupée par son
père, soit plutôt à la suite du licenciement de
l'école, occasionnée par une manifestation des
élèves, il ne put profiter de son admission,
Amené alors comme bien d'autres à chercher
dans les rangs de l'armée un refuge contre la

proscription, il s'engagea au 15e bataillon des volontaires de la Seine et partit avec ce bataillon pour Dunkerque, où les troupes étaient employées à la construction de vastes retranchements. Une circonstance heureuse mit le simple volontaire en relation avec l'ingénieur en chef des ponts et chaussées Lepère, chargé de la direction des travaux. C'était le moment où l'École polytechnique venait d'être fondée sous l'influence de Monge, de Guyton-Morvaux et de plusieurs autres savants. On y admettait, à la suite de concours dans lesquels la plus grande latitude était laissée aux examinateurs, tous les sujets signalés par leurs dispositions et leur instruction. Lepère, frappé de l'intelligence et du savoir du jeune Malus, le fit comprendre au nombre des élus, et il devint bientôt un des élèves favoris de Monge. Ce savant géomètre était alors l'âme de l'école, il destina Malus à servir d'instructeur pour ses condisciples, lui donna pendant trois mois des leçons particulières et le soumit à une préparation spéciale.

L'école du génie venait d'être rétablie à Metz : Malus y fut admis le 20 février 1796, en qualité d'élève sous-lieutenant, et nommé le 20 juin suivant capitaine du génie. Il avait alors 21 ans et fut envoyé à l'armée de Sambre-et-Meuse, où il se distingua aux combats d'Uckerath et d'Altenkirchen ainsi qu'au passage du Rhin.

L'armée de Sambre-et-Meuse ayant été réunie à célle de Rhin-et-Moselle pour former l'armée d'Allemagne, dissoute elle-même après la paix de Campo-Formio, le capitaine Malus fit partie de l'armée de Mayence dont une division avait son quartier-général à Giessen, ville de la Hesse grand-ducale connue pour son Université. Il y séjourna pendant plusieurs mois, y fit la connaissance du chancelier de l'Université Koch et ne tarda pas à être fiancé à mademoi-

selle Wilhelmine Koch, dont il était profondément épris. Il était sur le point de l'épouser
lorsqu'il reçut du ministre de la guerre l'ordre
de se rendre immédiatement à Toulon comme
attaché à l'aile gauche de l'armée d'Angleterre :
on appelait ainsi, pour conserver le secret des
opérations projetées, le corps expéditionnaire
destiné à être embarqué pour l'Égypte. L'ordre
daté du mois de février 1798, qui était venu
arracher le jeune capitaine à ses rêves de bonheur, témoignait de l'estime qu'il avait su
inspirer à ses chefs, car les officiers du génie
appelés à faire partie de l'expédition sous le
commandement du général Caffarelli du Falga
avaient été choisis avec soin parmi les plus distingués de l'arme. Le rôle rempli par Malus
dans cette expédition, depuis le début jusqu'au
dénouement, est retracé sur son Agenda. Embarqué d'abord sur le *Tonnant* avec Caffarelli,
passé après la prise de Malte sur la frégate *la*

Courageuse auprès de Desaix, débarqué avec celui-ci à Alexandrie, longtemps attaché à l'avant-garde de l'armée, il se distingua aux batailles de Chebreiss et des Pyramides, ainsi qu'à la prise du Caire, au combat de Salehieh, à la reconnaissance du Delta, aux sièges d'El-Arisch et de Jaffa et échappa comme par miracle à la peste qu'il avait contractée dans cette dernière ville. Revenu de Syrie en Égypte, il se signala de nouveau à la bataille d'Héliopolis et à la reprise du Caire. Après la mort de Kléber et le débarquement de l'armée anglaise, il fut compris dans la capitulation signée par le général Belliard et ramené en France avec l'armée dont il faisait partie; il débarqua à Marseille le 14 octobre 1801. Kléber, pour lequel dans son journal il témoigne d'une grande estime, l'avait nommé chef de bataillon, le 21 octobre 1799. Bonaparte l'avait appelé à faire partie de l'Institut d'Égypte dont Monge était le président et Fourier le secrétaire perpétuel. Malus y figurait dans la classe des mathématiques avec Fourier, Monge et Bonaparte lui-même.

Aussitôt après avoir purgé sa quarantaine au lazaret de Marseille, Malus s'empressa de courir à Giessen, où après quatre années d'attente et de fidélité mutuelle, il épousa enfin sa fiancée, Mlle Wilhelmine Koch. Dès lors il y a trois personnages à considérer en lui : l'officier, le savant et l'homme privé.

Chef de bataillon du génie, Malus établit, pour la place et le port d'Anvers, un projet qui est encore aujourd'hui conservé au dépôt des fortifications avec onze dessins tracés par lui. Nommé sous-directeur à Strasbourg, il fut chargé de la reconstruction du fort de Kehl et bientôt appelé au comité des fortifications à Paris. Chargé pendant plusieurs années de suite d'examiner les officiers-élèves du génie à leur sortie de l'école de Metz, il fut nommé en-

suite examinateur des élèves de l'École polytechnique pour la géométrie descriptive et les
sciences qui s'y rattachent (ombres, perspective,
coupe des pierres, etc.). Promu le 5 décembre
1810 au grade de major, il remplissait par in-
térim les fonctions de directeur des études de
l'École et allait devenir titulaire de cette place
lorsque la mort le frappa.

Quels que fussent les mérites de Malus
comme officier et comme administrateur, c'est
en qualité de savant qu'il a laissé un nom illustre, plutôt, il faut bien le dire, dans le monde
élevé et restreint où s'entretient le culte de la
science que dans la masse du public, qui réserve ses faveurs à des réputations plus bruyan-
tes. Déjà étant élève à l'École polytechnique,
Malus avait pris pour sujet de ses études spé-
ciales une question d'optique. Nommé membre
de l'Institut d'Égypte et occupant aux avant-
postes de l'armée une cahute de sauvage, il ré-

digea pour cet Institut un long mémoire sur la
lumière, qui est resté inédit et qui au milieu
d'assertions démenties par les expériences ulté-
rieures contient des observations remarquables.
« Aucune armée au monde, dit à ce sujet Arago,
n'avait compté dans ses rangs un officier s'occupant, dans les loisirs des avant-postes, de
recherches aussi complètes et aussi profon-
des. »

La publicité donnée aux grands travaux de
Malus date seulement de 1807, c'est-à-dire de
l'époque à laquelle il vint définitivement s'établir à Paris. Après avoir présenté à l'Académie
des sciences deux mémoires qui, honorés des
suffrages des hommes les plus compétents, furent d'après la décision de l'Académie impri-
més dans le recueil des *savants étrangers*, il
concourut en 1808 pour le prix de physique à
décerner en 1810. Il obtint ce prix sur le rapport présenté par Lagrange au nom d'une com-

mission dans laquelle, à côté de l'illustre auteur
du traité des *Fonctions analytiques*, figuraient
Haüy, Gay-Lussac et Biot. Le mémoire couronné contenait l'exposé de la grande découverte faite par Malus, et à laquelle son nom est
resté attaché, la *polarisation de la lumière*.

Tout le monde connait le phénomène de la
réfraction, c'est-à-dire la déviation que subis-
sent les rayons lumineux en passant d'un milieu
transparent dans un autre. Le phénomène de
la réflexion est encore plus connu : c'est celui
qui se passe constamment sous nos yeux à la
surface d'un corps poli tel qu'une glace, un miroir métallique, une nappe d'eau, etc. Si le
corps frappé par le rayon lumineux est à la fois
poli et transparent, il donne lieu simultanément
aux deux phénomènes de la réflexion et de la
réfraction ; si ces deux phénomènes s'accom-
plissent dans des conditions convenables, le
rayon acquiert la polarisation, propriété que

nous nous ne saurions mieux définir qu'en citant textuellement la définition donnée par M. Joseph Bertrand dans l'éloge de Senarmont, le 16 avril 1863, à la séance annuelle de la Société des amis des sciences:

« Il n'est pas nécessaire d'être physicien, dit l'éminent secrétaire perpétuel de l'Académie des sciences, pour distinguer trois choses dans un rayon de lumière, la couleur, l'intensité et la direction dans laquelle il se propage. Deux rayons pour lesquels ces trois éléments sont les mêmes sont identiques pour nos yeux, mais les physiciens en y regardant de plus près sont parvenus à établir, suivant les cas, entre ces rayons de même apparence, des différences essentielles. Supposons, par exemple, que deux rayons de même couleur et de même intensité, tombés verticalement du haut de cette salle, arrivent en même temps sur cette table; il peut se faire qu'un même cristal transparent leur étant présenté, laisse passer l'un et arrête l'autre complètement, qu'un miroir qui leur serait présenté à tous deux, réfléchisse le premier en éteignant le second. Le même cristal et le même miroir présentés autrement donneraient des effets inverses et éteindraient le premier rayon en laissant subsister le second. On voit, en effet, un même rayon tombant sur un même miroir, avec lequel il fait constamment le même angle, être réfléchi ou arrêté, suivant que le plan dans lequel il devra se réfléchir est situé de telle ou telle manière. Le rayon vertical dont nous parlons pourra par exemple se réfléchir vers l'est et sera brusquement éteint dès qu'on cherchera à le renvoyer vers le nord. Il n'a donc pas la même manière d'être par rapport à tous les plans que l'on peut conduire par sa direction, il est polarisé suivant l'un d'entre eux, perpendiculaire à celui dans lequel il peut se réfléchir. Il se distingue essentiellement de ceux qui, tout en suivant la même direction, seraient polarisés dans un autre plan ou ne le seraient pas du tout. »

Telle est la découverte de Malus, déjà en partie aperçue par Huygens. Fresnel et de Senarmont l'ont développée en déterminant la nature du phénomène, ses causes, ses effets et en partie du moins ses lois. D'autres physiciens en ont déduit les conséquences pratiques. Malus n'en est pas moins le créateur de cette branche de la science. Ses travaux reçurent presque immédiatement leur récompense. Il fut d'abord admis dans la société d'Arcueil, sorte de cénacle qui se composait d'un petit nombre de savants groupés autour de Laplace et de Berthollet (1). Une place devint vacante dans la

(1) Arago cite comme membres de la société d'Arcueil, Laplace, C. L. Berthollet, Biot, Gay-Lussac, Humboldt, Thénard, de Candolle, Collet-Descotils, A. B. Berthollet. Malus, Arago, Bérard, Chaptal, Dulong et Poisson.

section de physique de l'Institut par la mort de
Montgolfier, Malus se mit sur les rangs pour
obtenir cette place; il avait pour concurrent un
ancien membre de l'Institut d'Égypte et la lutte
fut vive, Malus l'emporta le 2 février 1811 par
trente et un suffrages contre vingt-deux. Arago
raconte dans son éloge de Malus, que l'heure de
l'ouverture du scrutin ayant été retardée et la
nouvelle du résultat, qu'on avait promis de lui
transmettre immédiatement, se faisant attendre, l'illustre physicien se crut battu et s'abandonna malgré toutes les consolations de sa
femme, au plus sombre désespoir. Arago cite
même ce fait comme une preuve de l'utilité des
Académies. C'est là ce qu'on peut appeler un
raisonnement par à peu près. Le désespoir de
Malus prouve bien plutôt l'empire exercé sur
les hommes, même les plus remarquables, par
l'amour des distinctions. Ce désespoir fut
avant tout un indice dénotant la sensibilité qui

résultait de l'état de santé du jeune savant.

Malus reçut quelque temps après une marque
d'estime plus flatteuse encore peut-être que sa
nomination à l'Institut. Malgré la guerre exis-
tant entre la France et l'Angleterre, la Société
royale de Londres lui décerna, le 22 mars 1811,
la médaille d'or fondée par Rumford en faveur
de la découverte la plus remarquable.

Malus s'était guéri de la peste, mais il avait
contracté comme suite de cette affreuse maladie
le germe d'un mal qui ne pardonne pas ; il avait
trouvé auprès d'une femme charmante et adorée
le bonheur de l'existence intime, mais ses jours
étaient comptés, la phtisie qui devait l'emporter se
déclara dès les premiers jours de l'année 1811.
Sa femme le soigna avec une sollicitude tendre
et passionnée, tous les soins furent inutiles. Une
dernière fois, à la fin de l'année, il voulut
professer à l'École polotechnique, il donna sa

leçon avec une ardeur fiévreuse et une anima-
tion qui touchèrent profondément ses auditeurs
au courant du danger qui le menaçait. Il mourut le 23 février 1812 dans les bras de sa
femme, qui n'avait pas cessé de rester à ses
côtés la tête appuyée sur la sienne, épiant ses
moindres gestes et s'abreuvant de l'air qu'il
avait respiré. Il fallut employer la violence pour
l'arracher au corps inanimé de son époux. Elle
mourut du même mal que lui, au commencement de l'année 1814.

« Malus enlevé aux sciences, à l'armée et à
l'amour des siens, à l'âge de 37 ans, dit Arago,
était aimé, honoré, estimé de tous ceux qui le
connaissaient ». Outre son Agenda il écrivit en
Égypte des *Pensées* qu'on a retrouvées dans
ses papiers, sur des feuilles détachées, et dont
voici quelques-unes :

« Toutes les actions de la vie doivent tendre
à la perfection de l'âme et à l'harmonie sociale. »

« L'espoir est une source de bonheur qu'il ne faut pas négliger. »

« Il faut exercer la patience, vertu absolument nécessaire au bonheur dans l'existence sociale. »

Tel fut l'homme dont nous allons reproduire le témoignage sur l'expédition d'Égypte (1).

Général THOUMAS.

(1) Nous remercions M. de Rochemonteix, qui a bien voulu relire les épreuves de notre travail; on sait sa compétence pour ce qui touche à l'histoire des peuples d'Orient, et ses connaissances approfondies de la langue arabe.

AGENDA DE MALUS

Je désire, si le sort des armes dispose de moi,
que mon journal soit remis au citoyen Fourier (1). Je le prie de le remettre à ma famille,
quand cela lui sera possible.

Signé : MALUS.

Je le prie, quand les circonstances le lui per-
mettront, d'instruire de mon sort le chancelier
Koch avec qui j'ai des engagements (2).

Adresse du chancelier Koch : An dem Herrn
Canzler Koch zu Giessen (à Monsieur le chancelier Koch, à Giessen).

(1) *Fourier*, savant géomètre, professeur à l'École
polytechnique, secrétaire perpétuel de l'Institut d'É-
gypte et de l'Académie des sciences, membre de l'Académie française, préfet de l'Isère sous le règne de
Napoléon Ier. Né en 1768 à Auxerre, mort en 1830.

(2) Le capitaine *Malus* était fiancé à mademoiselle
Wilhelmine Koch, au moment où il partit pour l'Égypte
et l'épousa à son retour. (Voir la notice biographique.)

I

Le départ. — La traversée. — Malte. -- Débarquement
à Alexandrie. — Marche sur le Caire. — Bataille de
Chebreiss. — Bataille des Pyramides. — Entrée au
Caire.

Après avoir passé près de onze mois à Giessen (1), je reçus à la fin de pluviôse (février 1798)
l'ordre de me rendre à poste fixe à Mayence (2).
Dans le même temps, il me vint du ministère,
l'avis que je devais être employé dans l'armée

(1) *Giessen,* siège d'une ancienne université, ville de
la Hesse grand-ducale, sur la Lahn ; a joué un rôle
important dans les campagnes de l'armée de Sambre-
et-Meuse en 1796 et 1797. Une des divisions de l'armée
de Mayence y avait son quartier général au commencement de 1798.

(2) *Mayence.* Cette place prise par les Français en
1792, perdue par eux en 1793, avait été rendue à la
France par le traité de Campo-Formio.

d'Angleterre (1) et que sous peu, je recevrais des ordres précis sur ma destination. Je conçus alors le projet de repasser dans ma famille ; j'en fis la demande. Je quittai Giessen le 3 ventôse (21 février) et vins attendre à Mayence des ordres définitifs et la permission que j'avais sollicitée pour me rendre directement à Paris. Ils arrivèrent vingt jours après, et je partis sur-le-champ pour Metz en traversant le Hundsrück (2); de là je me rendis directement à Paris. Le lendemain de mon arrivée, j'appris du général Chasseloup-Laubat (3) que j'étais destiné à

(1) *Armée d'Angleterre.* Après la signature du traité de Campo-Formio (17 octobre 1797), le gouvernement du Directoire eut ou feignit d'avoir l'idée d'une descente en Angleterre. Bonaparte fut nommé commandant en chef d'une armée destinée à opérer cette descente et dite *armée d'Angleterre*, laquelle n'exista guère que sur le papier.

(2) *Hundsrück*, contrée montagneuse, prolongement des Vosges entre le Rhin, la Moselle et la Nahe. Villes principales : Mayence, Aix-la-Chapelle, Coblentz.

(3) *Chasseloup-Laubat*, officier général de l'arme du

servir à l'aile gauche (1) sous les ordres de Caffarelli (2) et que nous devions aller nous embarquer à Toulon. Je passai quinze jours à Paris et dans cet intervalle, j'allai trois fois à Chantilly voir ma mère et ma sœur. J'employai le reste de ce temps auprès de mon père, aux préparatifs du départ. J'ignorais le but de l'expédition, mais j'étais persuadé qu'elle ne durerait pas plus d'une année.

Le 2 floréal (21 avril), je partis de Paris pour

génie, dont il devint en 1808 le premier inspecteur général ; a laissé la réputation de l'ingénieur militaire le plus distingué sous le règne de Napoléon Ier.

(1) *Aile gauche* de l'armée d'Angleterre. Cette aile, seule partie de l'armée réellement organisée, devint le corps expéditionnaire d'Égypte.

(2) *Caffarelli du Falga,* général commandant le génie de l'armée d'Égypte, avait perdu une jambe au passage du Rhin, alors qu'il servait dans l'armée de Sambre-et-Meuse, homme éminent à plus d'un point de vue, sous la direction duquel la commission des sciences et des arts exécuta les travaux les plus utiles. Tué au siège de Saint-Jean-d'Acre.

Toulon. Je voyageais avec Franceschi (1) et
Michaux (2). Franceschi resta à Lyon. Je laissai
à Avignon Michaux, qui n'était pas curieux
d'aller voir le château de Pétrarque. D'Avignon
je me rendis à la fontaine de Vaucluse, où je
passai la matinée du 12 floréal (1ᵉʳ mai); de
là, j'allai à Marseille où je restai deux jours.
Enfin, le 17 floréal (6 mai), j'arrivai à Toulon.
J'y trouvai une partie de l'armée déjà réunie
sous les ordres du général Kléber (3).

Bonaparte vint quelques jours après prendre
le commandement.

Le 21 floréal (10 mai), je me rendis à bord

(1) *Franceschi*, capitaine, aide de camp du général
Damas, qui devint plus tard chef de l'état-major général de l'armée d'Égypte sous Kléber. Franceschi mourut en Égypte.

(2) *Michaux*, capitaine du génie, nommé chef de
bataillon le même jour que Malus, est devenu colonel.

(3) L'illustre vainqueur d'Héliopolis paraît avoir été
à l'armée d'Égypte le principal protecteur et presque
l'ami de Malus.

de l'*Aquilon* (1), vaisseau de 74 où je devais
être embarqué. Le 27 (16 mai), j'y retournai
pour ne plus remettre pied à terre. Je profitai
de mon séjour en rade pour écrire mes dernières lettres.

Sur le bâtiment que je montais se trouvaient
Chabrol (2), Lepère et ses deux frères (3),

(1) L'*Aquilon*, vaisseau de ligne de 74 canons, pris par
les Anglais à la bataille navale d'Aboukir.

(2) *Chabrol*, élève ingénieur des mines, adjoint à la
Commission des sciences et arts. Cette commission, ins-
tituée pour faire profiter d'une expédition militaire
l'ensemble des connaissances scientifiques et des procédés artistiques, était composée, y compris les adjoints,
de plus de 100 personnes dont 34 anciens élèves de l'É-
cole polytechnique. La section des sciences mathématiques à laquelle était adjoint Chabrol comprenait :
4 géomètres, 3 astronomes, 3 mécaniciens et 12 auxi-
liaires. La section du génie civil comptait 19 ingénieurs
des ponts et chaussées, 13 ingénieurs géographes et
4 ingénieurs des mines.

(3) Il y eut, dans l'expédition d'Égypte, trois frères
Lepère : l'aîné, dont il est question ici, J.-M. Lepère,
était inspecteur divisionnaire des ponts et chaussées ;

le chef de Brigade Crétin (1) et le général
Menou (2). Le vaisseau était commandé par
Thévenard (3), il formait avec le *Spartiate* (4)
l'avant-garde de l'escadre.

c'est lui qui avait fait admettre Malus à l'École polytechnique, il était membre de la Commission des sciences et fit partie de l'institut d'Égypte. Le second, Gra-
tien Lepère, ingénieur des ponts et chaussées, était
adjoint à la Commission et exécuta de nombreux travaux ; le troisième fut un architecte distingué qui a vécu
jusque sous le règne de Louis-Philippe.

(1) *Crétin,* un des officiers du génie les plus remarquables de l'armée d'Égypte, tué en 1799 à la bataille
d'Aboukir, après avoir fait preuve d'un grand talent
d'ingénieur dans l'organisation des défenses d'Alexandrie et d'Aboukir.

(2) *Menou,* général choisi par Bonaparte, on ne sait
trop à quel propos, pour commander une des divisions
de l'armée d'Égypte, assez habile administrateur, mais
militaire incapable, funeste à l'armée, qu'il commanda
après la mort de Kléber. Resta jusqu'à sa mort en
faveur auprès de Napoléon.

(3) *Thévenard,* très bon marin, tué à la bataille navale
d'Aboukir.

(4) Le *Spartiate,* vaisseau de ligne de 72 canons pris
par les Anglais à Aboukir.

Le 29 floréal (18 mai), sur les 4 heures après midi, nous levâmes l'ancre et nous sortîmes de la rade.

Le 30, la flotte sortit et on se dirigea sur le levant. La mer devint grosse et le convoi se retira à l'abri des îles d'Hyères. L'escadre croisa jusqu'au retour du beau temps ; à la hauteur du cap Corse, le convoi de Gênes nous rejoignit (1).

La flotte parvenue à l'extrémité de la Sardaigne, croisa pendant six jours devant Cagliari pour attendre le convoi de Civita-Vecchia qui portait la division Desaix (2). L'armée à cette

(1) L'expédition formait au départ cinq convois : celui du port de Toulon, organisé par Kléber, effectif 20,500 ; celui de Marseille, Reynier, 3,200 ; de Gênes, Baraguey d'Illiers, 2,100 ; de Civita-Vecchia, Desaix, 4,300, et de Corse, Vaubois, 1,250. Ceux de Marseille et de Corse avient rallié l'escadre dans le port de Toulon avant son départ : il restait à rallier les convois de Gênes et de Civita-Vecchia.

(2) *Desaix*, celui de tous les généraux de l'armée d'Égypte que Bonaparte estimait et prisait le plus. Il se montra particulièrement bienveillant pour Malus.

époque ignorait encore sa destination, on soupçonna qu'elle devait descendre en Sardaigne.
Cependant, le convoi n'arrivant pas, on se décida
à poursuivre la route en se dirigeant sur Malte (1).
Le 19 prairial (7 juin), nous découvrîmes la
Sicile. L'aspect de la campagne soulagea les
esprits et rafraîchit un peu l'imagination. On
commençait à être las de la mer. La gêne continuelle qu'on éprouvait dans des bâtiments
encombrés, les privations dont le nombre augmentait tous les jours avaient guéri la plupart
du premier moment d'enthousiasme. Les provisions fraîches étaient en partie épuisées, l'eau
mal soignée commençait à se corrompre, la vue

(1) *Malte*, île appartenant géographiquement à l'Italie,
africaine par la langue et l'origine des habitants, anglaise par droit de conquête et d'occupation, cédée en
1530 par Charles-Quint à l'Ordre des Hospitaliers de
Saint-Jean de Jérusalem, qui, sous le nom de l'Ordre de
Malte, bien déchu de son ancienne splendeur, la pos-
sédait encore en 1798.

de la terre ranima les esprits qui commençaient
à s'abattre ; il était temps cependant que nous
arrivassions à Malte. Nous l'aperçûmes le
20 prairial (8 juin) au soir. On fit branle-bas
général dans toute l'escadre. Le lendemain
matin on signala plusieurs bâtiments croisant
devant le port. On les crut anglais. C'était le
convoi de Civita-Vecchia qui de son côté nous
prit pour une escadre anglaise. Après la reconnaissance on envoya le *Spartiate* et l'*Aquilon*
en face du port pour en défendre l'approche et
la sortie jusqu'à l'arrivée de la flotte. Dans la
journée tout fut réuni. On avait aperçu dans
l'île beaucoup de mouvement. Les habitants de
la campagne s'étaient retirés précipitamment
dans la Citta Valetta (1) et on avait vu des

(1) La *cité Valette*, ville fondée en 1540 par le grand
maître de la Valette, capitale de l'île de Malte, résidence
du grand maître, des dignitaires et du Conseil de l'Ordre. Population en 1798 : 50.000 âmes; assiégée de
1799 à 1801 par les Anglais et défendue héroïquement

ordonnances parcourir les tours fermées sur le rivage.

A onze heures du soir le signal fut donné de mettre les chaloupes à la mer ; le matin on effectua la descente (1). Les Maltais peu nombreux et peu aguerris résistèrent faiblement. On les repoussa dans la ville (2). Cette place

par la garnison française sous les ordres du général Vaubois qui fut forcé de capituler faute de vivres. Elle est restée depuis lors aux Anglais qui en ont fait le siège de leur puissance dans la Méditerranée. Possédant le port le plus beau et le plus sûr de cette mer, la Valette est une des places les plus fortes de l'Europe.

(1) Le signal du débarquement fut donné par Bonaparte après la réponse négative faite à ses envoyés : l'aide de camp Junot, l'administrateur Poussielgue et un ancien commandant de l'Ordre de Malte, le savant Dolomieu, qui demandaient la libre entrée de l'escadre dans le port pour faire de l'eau.

(2) 3.000 hommes débarquèrent le 10 juin, à la pointe du jour; à midi, la place de la Valette était entièrement cernée. Une sortie de la place fut repoussée par le chef de brigade Marmont, aide de camp du général Bonaparte.

est une des plus fortes de l'Europe. On l'attaqua
avec autant de vivacité qu'un camp retranché ;
elle feignit de se défendre et se rendit après
avoir fait beaucoup de bruit et peu de mal (1).
Cela devait arriver parce que le peuple qui
encombrait la ville était pauvre, lâche, et n'avait
aucun esprit public, et en second lieu parce que
le gouvernement engourdi par une longue paix
n'avait plus assez d'énergie pour maintenir la
populace, ni assez de forces militaires pour en
imposer à un ennemi actif et entreprenant. Il se
soutenait par l'habitude dans l'intérieur de l'île
et n'avait au dehors d'autre existence politique
que dans la neutralité. Dans la position où il

(1) Après la sortie repoussée, le grand maître et le
conseil demandèrent une suspension d'armes qui fut
accordée et conclue par le premier aide de camp de
Bonaparte, le chef de brigade Junot, avec le grand
maître Hompesch. Le traité de la reddition de la place
fut signé le 12, à 2 heures du matin, par le général
en chef et les délégués du grand maître.

était, il n'eût rien gagné à une longue résistance, et eût-il été secouru, c'eût toujours été au prix de son indépendance.

Notre entrée dans Malte (1) rétablit au premier moment la tranquillité, mais la terreur se répandit bientôt par le pillage de plusieurs maisons, qu'on arrêta trop tard malgré les articles de la capitulation.

Je fus logé chez M. C...nelli qui m'offrit sa maison et me présenta comme une sauvegarde à M⁰ Graziella. Je m'y dédommageai de la gêne que j'avais éprouvée à bord. J'employai ma première journée à écrire en France et en Allemagne. Le lendemain je parcourus les divers quartiers de la ville. J'admirai la propreté des rues et des édifices. L'unique chose qui les dépare est la grande quantité de

(1) Bonaparte débarqua dans la cité Valette le 12, à 1 heure après midi : les troupes avaient occupé au point du jour les postes et les forts.

balcons en bois qui sortent des maisons. Ils sont en forme de niche, fermés de toutes parts et en général d'un mauvais goût. Cette mode existe dans toutes les villes du Levant. Quand les femmes sortent elles s'enveloppent, de la tête aux pieds, d'un grand voile semblable à un sac. Dans l'intérieur des maisons elles sont mises comme les Européennes. Leur éducation est peu soignée. Les mœurs du peuple sont, sous les autres rapports, parfaitement semblables aux nôtres. Les objets de luxe ou d'art sont les mêmes. La langue du pays est l'arabe ; beaucoup de gens parlent italien, dans la bonne compagnie on parle français.

Il y a un mauvais théâtre et de mauvais acteurs italiens.

L'ambassadeur d'Espagne donna un bal. Il s'y trouva beaucoup de femmes ; il y en avait peu de jolies. Toutes étaient mises sans goût et avaient l'air fort gauche.

On trouvait à Malte beaucoup de filles et d'abbés dont le gouvernement tolérait le métier.

Le climat de l'île est très chaud, le sol est une roche blanche, couverte en quelques endroits d'une croûte de terre végétale. Il conserve longtemps la chaleur du soleil et, comme le ciel est toujours serein, il y fait souvent une chaleur accablante.

Il y a quelques sources d'eau douce dont on tire parti avec beaucoup d'art et d'économie. Il ne neige jamais à Malte. La glace qu'on emploie pour les sorbets vient de Sicile.

De la Citta Valetta on distingue facilement l'Etna et la fumée qui en sort; elle forme sur l'horizon une longue zone noire qui se dirige au vent et s'étend à perte de vue.

On voit à la Citta Vecchia quelques monuments d'antiquité, des catacombes creusées dans le roc.

Les productions de l'île sont particulièrement

l'orange, le citron, le limon, la figue, le coton,
le blé. On y cultive aussi la canne à sucre, mais
en petite quantité. Comme la terre végétale est
fort rare et très pierreuse, les particuliers riches
font venir de la terre de Sicile pour améliorer
leurs jardins.

Pendant mon séjour à Malte, je voyais souvent Crétin. J'appris que le général Desaix
l'avait déterminé à faire le reste de la traversée
avec lui, il me proposa de l'y suivre; j'acceptai
et j'eus lieu de m'en féliciter sous tous les rapports.

L'escadre partit et la frégate la *Courageuse* (1) que nous montions resta à Malte pour
attendre la remise du trésor. Cela nous retarda
quatre ou cinq jours. Nous eûmes le temps de
voir la confiance renaître dans la ville et le peu-

(1) La *Courageuse*, frégate de 40 canons, qui échappa
au désastre d'Aboukir, parce qu'elle était abritée dans
le port d'Alexandrie.

ple reprendre ses anciennes habitudes comme s'il n'avait pas changé de gouvernement.

Nous partîmes de Malte le (1) pour rejoindre la flotte. Le même jour nous fûmes atteints par l'*Arthémise* (2) qui nous donna avis que l'escadre anglaise venait de passer le détroit de Messine (3). On se hâta de porter cette nouvelle à Bonaparte qui feignit de ne pas y croire. Nous le joignîmes un peu avant Candie (4).

Enfin le 13 messidor (1ᵉʳ juillet) au matin,

(1) Date laissée en blanc, probablement le 21 juin.

(2) L'*Arthémise*, frégate de 36 canons que son équipage incendia à la côte pour ne pas la rendre aux Anglais à la bataille navale d'Aboukir. Détachée, lors de la prise de Malte, en observation.

(3) Nelson, après avoir croisé devant Toulon, vint mouiller devant Messine où il apprit l'occupation de Malte le jour même où l'escadre française se remettait en route ; il gagna les côtes de Barbarie, les longea et arriva le 28 juin en vue d'Alexandrie, où le gouverneur turc ne lui permit pas d'entrer dans le port.

(4) La flotte était le 30 juin en vue de l'île de Candie (ancienne Crète).

l'armée arriva à la vue d'Alexandrie (1). On avait découvert à la pointe du jour la colonne de Pompée (2) et les minarets de la ville. A onze heures tous les bâtiments de la flotte avaient mis à l'ancre. On apprit, aussitôt notre arrivée, que l'escadre anglaise qui nous cherchait avait paru deux jours auparavant. Cela détermina à hâter le débarquement. Dans la journée les ordres avaient été donnés à la division Desaix (3) pour qu'elle conduisît ses embarcations pleines de troupes à une galère dési-

(1) *Alexandrie*, ville aujourd'hui presque européenne, principal port d'Égypte, située sur une langue de terre, entre le lac Maréotis et la Méditerranée ; n'avait en 1798 que 30.000 habitants.

(2) *Colonne de Pompée*, colonne d'ordre corinthien d'environ 28ᵐ75 de hauteur, construite, dit-on, par ordre de Pompée, mais attribuée avec plus d'apparence de raison à Alexandre Sévère, était au milieu de l'ancienne ville romaine et à 600 mètres des murailles de la ville des Arabes prise par Bonaparte.

(3) La division Desaix devait débarquer au lieu dit le *Maraboul*, à trois lieues à l'ouest d'Alexandrie, elle

gnée (1). Les ordres ultérieurs n'étant point parvenus et des chaloupes ayant chaviré, chacun regagna son bord à l'entrée de la nuit. A sept heures du soir le général Desaix m'envoya, avec une des chaloupes de *la Courageuse*, pour joindre le général en chef et avoir de lui une réponse positive sur l'heure et le point de débarquement. Il était à bord d'une galère (2) qui avait changé plusieurs fois de place dans la journée. Il faisait nuit, la mer était grosse et après

éprouva de grandes difficultés par suite de la direction du vent.

(1) L'amiral avait amené de Malte les bâtiments de guerre qui se trouvaient dans le port et entre autres deux demi-galères à rames.

(2) Bonaparte était monté à bord d'une des demi-galères prises à Malte et conduisait les embarcations sur lesquelles se trouvaient les troupes des divisions Kléber et Bon : cette demi-galère fut forcée, dans l'obscurité de la nuit, de mouiller à une demi-lieue de la terre. Bonaparte et les officiers de son état-major montèrent dans des canots pour gagner le rivage, près du Marabout.

avoir parcouru plusieurs fois la flotte pour pouvoir recueillir des renseignements certains, je pris le parti de m'approcher de la côte pour m'assurer s'il n'avait point déjà débarqué. Je joignis, aux environs du Marabout, sept à huit chaloupes qui faisaient force de rames pour gagner la terre. Je les suivis. L'une d'elles portait le général en chef. Il était minuit. Je ne pus lui parler qu'en atteignant la terre. Il parut étonné de ce que la division n'était pas débarquée et s'en plaignit amèrement. Je reconnus la côte et retournai à *la Courageuse* que je ne pus atteindre qu'après trois heures d'une navigation pénible avec des hommes épuisés de fatigue.

A la pointe du jour le convoi qui portait la division vint mouiller près de terre et l'on commença le débarquement (1). *La Courageuse*

(1) Aucune troupe de la division Desaix n'était débarquée lorsque Bonaparte se mit en marche vers Alexan-

resta au large. Nous la quittâmes dans la matinée avec le général Desaix pour nous rendre au point de débarquement. Le rivage que nous abordâmes était à trois lieues à l'ouest d'Alexandrie. Il était aride et couvert d'insectes. Les chevaux furent débarqués à la nage. Les bagages restèrent sur la flotte. Nous partîmes le lendemain matin, 15 messidor (3 juillet) (1).

drie avec une partie des divisions Menou, Kléber et Bon le 2 juillet, avant le jour. Les remparts d'Alexandrie furent escaladés à gauche par la division Menou, à droite par la division Kléber, tandis qu'au centre, Marmont, à la tête d'une brigade de la division Bon, faisait enfoncer à coups de hache la porte de Rosette et pénétrer dans l'enceinte. Les forts se rendirent dans la journée. Kléber et Menou furent blessés, le premier assez grièvement.

(1) Desaix avait reçu l'ordre de suivre le reste de l'armée, qui comprenait cinq divisions d'infanterie commandées par les généraux Dugua (remplaçant Kléber), Desaix, Reynier, Vial (remplaçant Menou) et Bon. La cavalerie, sous les ordres du général Alexandre Dumas, comprenait 7 régiments de cavalerie répartis

En passant à Alexandrie je voulus suivre la
division qui se rendait sur le chemin de Damanhour (1). Caffarelli me fit appeler, me retint
près de lui et ce ne fut que deux jours après
qu'il me donna l'ordre de rejoindre l'avant-
garde (2). Le même soir je partis d'Alexandrie

en quatre brigades (Murat, Davout, Mireur et Leclerc).
Les cavaliers marchaient à pied, à l'exception de
200 hommes montés; ils avaient apporté leurs selles et
leurs brides et furent montés avec des chevaux achetés aux Arabes.

(1) Il existait, pour se rendre d'Alexandrie au Caire,
capitale de l'Égypte et but de l'expédition, deux routes
aboutissant l'une et l'autre au point commun de Ramanich, sur le Nil; l'une traversait une partie du désert et
passait par la ville de Damanhour, l'autre suivait le rivage
de la mer, gagnait Rosette, ville située sur la branche
du Nil qui porte son nom, et, à partir de là, suivait le
canal d'El Ramanich, sur la rive gauche du Nil. Cette
seconde route était plus facile que la première, mais
elle était plus longue de quinze lieues. Bonaparte donna
la préférence à la première. Le général Dugua, avec la
division Kléber, suivit la seconde route pour escorter
la flottille qui remontait le Nil.

(2) L'avant-garde était formée par la division Desaix.

avec un détachement de vingt-cinq hommes. Nous nous joignîmes en route à plusieurs corps de cavalerie. Nous eûmes beaucoup à souffrir de la chaleur et de la soif (1). Nous n'atteigni-

(1) Les Arabes, dit le maréchal Berthier dans ses Mémoires sur la campagne d'Égypte, avaient comblé les puits de Rada et de Birkeh, de sorte que le soldat, brûlé par l'ardeur du soleil et en proie à une soif dévorante, ne put trouver à se désaltérer. On fouilla dans ces puits d'eau saumâtre, mais on n'en put retirer qu'un peu d'eau bourbeuse. Bonaparte s'exprime à peu près de même. Un capitaine d'infanterie, dans une lettre interceptée par la croisière anglaise et publiée par le gouvernement britannique, écrivait à un de ses amis : « Nous n'avons trouvé ni eau, ni pain, ni aucune espèce de vivres, sans même en pouvoir trouver nulle part ; il nous est mort dans l'espace de cinq à six jours, sans exagérer, de six à sept cents hommes, tous par la soif. Enfin, l'adjudant général Boyer (depuis lors devenu général de division) écrivait au général Kilmaine : « Ne trouvant nulle part de pain ni vin, nous avons vécu de melons, citrouilles, volailles, viande de buffles et d'eau du Nil ; il y a un grand mécontentement de l'armée... » On peut juger par ces citations de la modération de Malus.

mes la division Desaix qu'à Damanhour (1),
le général était établi dans la maison d'un cachef (2); on y attendit Bonaparte qui arriva
le 20 avec Monge (3), Berthollet (4) et l'état-
major général. On campa au nord de la ville dans
un bois d'orangers. J'ai pris à Damanhour les
premiers bains à la turque.

Le 21 messidor (9 juillet) au soir, le gé-

(1) *Damanhour,* capitale de la province de Baheiray,
groupe de bourgades dont la population s'élève aujour-
d'hui à 23.000 habitants, à seize heures de marche
d'Alexandrie. Lors de l'expédition de Bonaparte, elle
était environnée d'une forêt de palmiers et de bois
d'orangers.

(2) *Cachef,* on appelait ainsi les chefs subalternes
des mamelucks subordonnés aux beys.

(3) *Monge,* illustre géomètre, un des savants les plus
estimés de Bonaparte et admis dans son intimité malgré
ses opinions républicaines, un des fondateurs de l'É-
cole polytechnique, président de l'Institut d'Égypte,
ramené par Bonaparte à son retour en France.

(4) *Berthollet,* savant chimiste, particulièrement en
faveur auprès de Bonaparte, ramené par lui à son
retour d'Égypte en France.

néral Reynier (1) prenant l'avant-garde, je partis avec sa division pour Rhamanieh (2). Nous nous reposâmes à moitié chemin : n'ayant point de piquet pour attacher mon cheval je le liai à ma jambe, je m'endormis et rêvai paisiblement aux plaisirs de l'Europe. Le matin nous arrivâmes à Rhamanich. Les cheicks (3) vinrent au-devant de nous avec la bannière turque. Ce fut là que nous vîmes le Nil pour la première

(1) *Reynier*, officier général des plus distingués mais malheureux à la guerre. Né en Suisse, d'une famille d'origine française, ingénieur des ponts et chaussées ; volontaire en 1792, ancien chef d'état-major de Pichegru et de Moreau ; présenté par Desaix à Bonaparte qui lui montra peu de sympathie, chassé d'Égypte par Menou après la mort de Kléber.

(2) *Er-Rahmanieh*, bourg situé sur le Nil, à 25 kilomètres de Damanhour, moins important que cette dernière localité, mais situé dans un pays plus riche et plus fertile. C'est là que l'armée fut rejointe par la flottille et par la division Dugua.

(3) La signification du mot *cheikh* est assez vague : il se traduit assez exactement par celui d'*ancien*. Un

fois. Nous campâmes dans un vaste champ de melons, entre le village et le fleuve (1).

Le 22 (30 juillet) la division Desaix arriva harcelée par un détachement considérable de Mameloucks (2). Le 23 (11 juillet) elle alla

cheikh était à proprement parler le chef héréditaire d'un groupe de familles. Les cheikhs d'une ville ou d'un village assistaient dans l'administration le chef supérieur ou cheikh el beled.

(1) Les crues du Nil qui font la richesse du pays commencent au solstice d'été et atteignent leur maximum à l'équinoxe d'automne. Les eaux séjournent sur la vallée jusqu'au mois de décembre ; mais lors de l'expédition d'Égypte, on ne pouvait guère y circuler qu'au mois de février. Du commencement de février à la fin d'août, le Nil était très bas et ressemblait à un large ruisseau boueux. Les opérations militaires n'étaient cependant possibles dans la basse Égypte que pendant cette période de sept mois.

(2) Les *Mamelucks*. Au moment de l'expédition de Bonaparte, le gouvernement de l'Égypte était nominalement confié à un pacha représentant du Sultan, mais le pouvoir effectif et tyrannique était entre les mains des Mamelucks, successeurs de la milice qui avait régné despotiquement sur le pays de 1250 à 1517. Ces Mamelucks,

camper à deux lieues au-dessus de Rhamanich. Le 24 (12 juillet) je la rejoignis et nous allâmes bivouaquer en face de Chebreisse (1), entre deux

qui se recrutaient eux-mêmes parmi les esclaves achetés dans les marchés d'Asie, avaient à leur tête 24 beys qui exerçaient le pouvoir en véritables despotes : Mourad bey, Ibrahim bey étaient les plus influents de ces beys. A la nouvelle du débarquement des Français à Alexandrie, les Mamelucks, sachant que l'armée de Bonaparte n'avait pas de cavalerie, et regardant cette armée comme une proie certaine, coururent au-devant d'elle avec enthousiasme ; ils rencontrèrent l'avant-garde le 10 juillet et l'enveloppèrent en galopant. Desaix commanda simplement à son infanterie qui marchait en colonne par pelotons : « Halte! Pelotons à droite et à gauche, marche! feu de deux rangs ! » Les Mamelucks stupéfaits s'éloignèrent plus vite qu'ils n'étaient venus, après avoir perdu une quarantaine d'hommes.

(1) *Chebreiss* ou *Choubra-Két* (Chebreket sur les cartes modernes), village au bord du Nil. La bataille qui s'y livra le 13 juillet fut tout à fait insignifiante, mais le même jour, la flottille commandée par le contre-amiral Perrée eut, avec la flottille turque, un engagement beaucoup plus sérieux. Les matelots égyptiens prirent à l'abordage une galère et une chaloupe canonnière

villages dont l'ennemi se retira à notre approche. Le même jour la flotille avait joint le corps
d'armée. On savait que le lendemain nous devions être attaqués. Le 25 (13 juillet), au matin,
on reconnut la position et les mouvements de
l'ennemi. Toutes les divisions joignirent l'avant-
garde et à huit heures l'armée commença à se
former en bataille.

Les divisions furent placées en échiquier et
disposées chacune en bataillon carré. Pendant
ce mouvement la flotille avançait et commença
l'affaire sur les neuf heures. Elle resta abandonnée à ses propres forces. L'armée conserva son
immobilité jusqu'à midi. Les Mameloucks cher-

dont les équipages furent massacrés. Perrée parvint à
reprendre ces deux bâtiments et mit le feu à plusieurs
chaloupes ennemies. D'après plusieurs généraux de
l'armée d'Égypte, Bonaparte aurait pu, dès ce jour-là,
en finir avec les Mamelucks, mais il préféra temporiser
pour connaître son ennemi et se mettre au fait de son
genre de guerre.

chèrent par diverses escarmouches à ébranler
les bataillons et à engager le combat. On se
contenta de les canonner et de les repousser par
une vive fusillade toutes les fois qu'ils se pré-
sentaient. Ils finirent par essayer de charger
en masse; mais ils ne réussirent pas, faute d'ensemble. Ce fut alors qu'on avança sur Chebreisse
qu'ils abandonnèrent et où ils laissèrent leur
artillerie.

Bonaparte dit au cheick qui lui apportait son
drapeau : « Retourne à la Mosquée, remercie
Dieu de ce qu'il a donné la victoire à la cause le
plus juste. » Une heure après l'affaire une partie
des troupes harassée de fatigue se débanda pour
aller boire à un quart de lieue. Une fausse
alerte y porta l'épouvante et occasionna un moment de désordre. On alla camper sur les bords
du Nil, à deux lieues du champ de bataille.

Le lendemain 26 (14 juillet) on se rendit à
Chebour où nous bivouaquâmes dans un jardin

de citronniers et d'orangers. Le 27 (15 juillet)
les Arabes nous harcelèrent et firent prisonnier
un officier qu'on n'a pu racheter et qu'on n'a
plus revu. On alla passer la nuit à Schobar. Le
28 (16 juillet) nous arrivâmes à Elkan, où nous
vîmes les premières almées. Le 29 (17 juillet)
nous passâmes à Terranch, aux tombeaux des
beys, le soir nous nous rendîmes à El Katta, où
nous nous établimes dans une mosquée. Le 30
(18 juillet) l'armée se réunit à Wardan, où l'on
fit séjour.

Depuis longtemps nous n'avions mangé ni
pain ni biscuit, la viande était notre unique
nourriture. Chacun s'occupa pendant le séjour
à piler du blé sous des pierres (1). On voulait

(1) On lit dans *Victoires et Conquêtes :* « Quoique les habitants eussent abandonné ce village (Wardan), on put
s'y procurer du blé, des lentilles et quelques autres cé-
réales et légumes. Du pain y fut fabriqué pour les
blessés et les malades. Les soldats broyèrent eux-
mêmes le blé entre deux pierres, à la manière des

laisser à ce village le dépôt de l'armée (1), mais on changea d'avis parce qu'on ignorait les forces et les projets de l'ennemi.

Le 2 thermidor (20 juillet), en nous rendant à Nikelé, nous aperçûmes à moitié chemin les deux grandes Pyramides (2). Le 3 (21 juillet) on partit à trois heures du matin. L'armée s'avança en ligne, appuyant sa gauche au Nil.

Arabes, et firent une espèce de galette ou pain azyme. »

(1) On y avait trouvé en abondance des poules et des pigeons qui firent aussi partie des ressources précieuses offertes à la troupe en dédommagement des privations qu'elle avait éprouvées, et une nourriture plus substantielle que celle des pastèques dont elle s'était nourrie jusqu'alors (*Victoires et Conquêtes,* tome IX), les soldats y nettoyèrent les armes, l'artillerie y fut réparée.

(2) Negla, province de Gizeh. D'après les mémoires de Napoléon, les pyramides furent aperçues le 19 juillet d'Om-Dinar, vis-à-vis la pointe du Delta. C'est le lendemain 21 juillet, jour de la bataille des Pyramides, qu'au lever du soleil, Bonaparte prononça les paroles célèbres : « Songez que du haut de ces monuments quarante siècles vous contemplent. »

On aperçut plusieurs fois dans la marche des détachements nombreux de Mamelouks qui se retiraient à notre approche. Vers les deux heures on découvrit le camp des ennemis et peu de temps après leur armée rangée en bataille. Les divisions Desaix et Reynier continuèrent à gagner sur la droite, la division Bon (1) conserva la gauche et, suivant le fleuve, s'avança directement sur le village d'Embabeh (2) que l'ennemi occupait et qu'il avait retranché. Les divisions Vial (3) et Dugua (4) formaient le centre.

(1) *Bon*, brave général, signalé par ses services aux armées des Pyrénées-Orientales et d'Italie, tué à l'assaut de Saint-Jean-d'Acre.

(2) *Embabeh*, village situé sur la rive gauche du Nil, vis-à-vis Boulaq, fortifié par les Mamelucks.

(3) *Vial*, ancien général de l'armée d'Italie, tué en 1813 à la bataille de Leipsig.

(4) *Dugua*, ancien général de l'armée d'Italie, mort en 1802 à Saint-Domingue, des suites de deux blessures reçues à l'attaque de la Crête-à-Pierrot. Membre de l'Institut d'Égypte.

Au momentoù l'on observait dans cette disposition les mouvements de l'ennemi, un corps nombreux de Mameloucks se lança avec la rapidité de l'éclair sur les divisions Desaix et Reynier, dans l'intention de les culbuter par son impétuosité. Ils furent reçus par une fusillade vive et soutenue ; un grand nombre fut tué avant d'avoir atteint les bataillons carrés, plusieurs tombèrent sur les baïonnettes et les autres disparurent.

Dès qu'ils furent dispersés sur la droite, la division Bon s'avança rapidement pour les forcer par la gauche. A peine fut-elle à portée de canon, qu'ils démasquèrent dans le village retranché plusieurs pièces qu'ils tirèrent à la fois. A leur feu se joignit celui de la rive droite du Nil. La division s'élança alors au pas de charge sur le village qui fut enlevé à la baïonnette. La division Vial coupa la retraite aux fuyards qui furent égorgés ou culbutés dans le fleuve (1). Quelques-uns se refugièrent sur l'autre rive et rejoignirent au Caire le corps d'armée d'Ibrahim (2).

L'armée continua sa marche sur Gizeh (3) où l'on arriva à l'entrée de la nuit. Le quartier général s'établit dans le palais de Mourad bey (4).

(1) Ce récit de la bataille des Pyramides est conforme à tout ce qu'on sait d'ailleurs. Malus commet toutefois ici une petite erreur : ce n'est pas la division Vial, mais le général Marmont, avec une partie de la division Bon, qui coupa la retraite aux fuyards, pendant que le général Rampon avec l'autre partie de la même division s'emparait des retranchements d'Embabeh.

(2) *Ibrahim bey*, le moins guerrier et le plus politique des deux beys qui se partageaient le pouvoir.

(3) *Gizeh*, chef-lieu de la province du même nom, sur la rive gauche du Nil, vis-à-vis le vieux Caire, qui a donné son nom aux Pyramides d'Égypte. Le champ de bataille des Pyramides était bordé par le Nil, depuis Gizeh en amont jusqu'à Embabeh en aval. Entre ces deux villages s'étendent les îles de Rodah, au-dessous de Gizeh, et de Boulaq au-dessous d'Embabeh.

(4) *Mourad bey*, le plus brillant et le plus guerrier des deux grands beys des Mamelucks, finit par s'allier aux

Il était en partie démeublé. On y trouva une provision de biscuits et de fruits secs. Le jardin était un bois touffu de vignes, d'orangers, de grenadiers et de bananiers; la plupart de ces arbres portaient des fruits. Nous y vîmes les premiers exemples du goût oriental et du luxe des beys (1).

La nuit fut paisible, nous l'employâmes à nous reposer des fatigues de la journée, et les Mameloucks à enlever les richesses du Caire. Ils firent sauter, devant Boulacq (2), quelques

Français après avoir lutté contre eux avec une énergique opiniâtreté.

(1) On lit dans les mémoires de Napoléon : « Les officiers virent avec plaisir une maison bien meublée, des divans des plus belles soieries de Lyon ornées de franges d'or, des vestiges du luxe et des arts d'Europe. Le jardin était rempli des plus beaux arbres, mais il n'était percé d'aucune allée. »

(2) Boulaq, port de la ville du Caire, sur le bas Nil, petite ville ou faubourg situé sur la rive gauche du Nil et vis-à-vis Embabeh, à 2000 mètres environ du Caire, au-

bâtiments armés. Un brick que nous avions re-
joint à Gizeh et qui s'était échappé en remontant le Nil sauta aussi pendant la nuit.

Le 4 (22 juillet) au matin, je passai avec un
détachement de carabiniers dans l'île de Raouda.
Je me rendis au Mekyas (1). Je reconnus la rive
droite au Vieux-Caire (2) et fis passer à Gizeh

quel il se rattache aujourd'hui par une suite ininterrom-
pue de constructions. Ibrahim bey y resta prudemment
en observation pendant toute la bataille des Pyramides.

(1) *Mekyas* ou Nilomètre, appareil destiné à mesurer
la hauteur des eaux pendant la crue du Nil, afin de faire
connaître si l'inondation sera favorable ou non à l'agri-
culture. Cet appareil, situé à la pointe méridionale de
l'île de Rodah, consiste en un puits carré où l'on
descend par un escalier et au milieu duquel est dressée
une colonne hexagonale en marbre, graduée en *coudées*
et en kirats (la coudée vaut 0 m. 5404 et comprend
24 kirats), haute de 17 coudées, soit 9 m. 287, au-dessus
du zéro de l'échelle graduée qui se trouve lui-même à
8 m. 646 ou 16 coudées au-dessus de la surface moyenne
des eaux de la Méditerrannée.

(2) *Vieux-Caire*, bourg situé le long de la rive droite
du Nil, vis-à-vis de l'île de Rodah dont il est séparé par

les bateaux qui s'y trouvaient et qui étaient nécessaires au passage du Nil... L'ennemi avait évacué pendant la nuit et était encore occupé à sortir du Caire. Les habitants nous témoignaient l'amitié qu'ils nous ont toujours montrée depuis lorsqu'ils ont été épouvantés, et qu'ils ont toujours démentie quand ils ont compté sur notre faiblesse.

Dans la journée, une députation du Caire vint inviter le général en chef à en prendre possession (1). Il envoya aussitôt à cet effet le général Dupuy (2) que j'accompagnai. Nous

un bras du Nil très étroit. Port du Caire pour la navigation supérieure.

(1) Ibrahim bey s'était retiré vers le désert, emmenant avec lui le pacha turc. La populace du Caire livrée à elle-même pillait les palais et les habitations des principaux Mamelucks, le quartier européen était menacé. Les négociants persuadèrent au Khodja ou lieutenant du pacha que la seule ressource qui lui restait était de rendre la ville aux Français et s'offrirent pour être ses agents auprès du général en chef.

(2) *Dupuy*, chef de brigade de la fameuse 32e, surnommée l'*invincible* et illustrée par la défense de la re-

passâmes, au nombre de cinq (1), à Boulacq, où nous trouvâmes les cheicks de la loi (2) qui, après les premières politesses, firent leur prière devant nous. Un détachement de la 32ᵉ nous joignit dans la soirée.

Nous partîmes pour le Caire à la nuit. Nous y entrâmes avec les instruments militaires (3), nous dirigeant vers le palais de Mourad bey. A peine fûmes-nous enfoncés dans ces rues étroites et tortueuses que le bruit des flammes et la lueur qui couronnait les maisons nous annon-

doute de Montelegino en 1796. Dupuy venait d'être nommé général de brigade pour sa conduite pendant la bataille des Pyramides. Devenu gouverneur du Caire, il fut tué pendant la révolte de cette ville au mois d'octobre suivant.

(1) D'après les *Victoires et Conquêtes*, trois de ces personnes étaient le général Dupuy, l'adjudant-général Beauvais et le nouveau chef de la 32ᵉ, Darmagnac.

(2) *Cheks de la loi*, chefs de la religion.

(3) Bonaparte avait prescrit au général Bon, à la division duquel appartenait la 32ᵉ demi-brigade, d'envoyer le général Dupuy au Caire avec deux compagnies de

cèrent que le feu était à la ville. Nous ne rencontrions aucun individu sur notre route. Le huhulement des femmes qui retentissait dans tous les harems nous annonçait seul que le Caire était habité. Le feu était précisément au palais où nous nous rendions ; quand nous y arrivâmes, l'incendie avait gagné tous les étages ; il faisait un bruit horrible et couvrait le ciel de fumée et d'étincelles. Des tourbillons de flammes s'échappaient par toutes les fenêtres et les planchers s'écroulaient de toutes parts. Nous nous retirâmes, abandonnant l'incendie à lui-même, et nous allâmes dans un autre quartier nous enfermer dans la maison d'un kachef où nous passâmes la nuit (1). Le lendemain 5 (23 juillet),

grenadiers de cette demi-brigade. Il avait pour instruction de pénétrer dans le quartier européen et de s'y barricader. Le général Dupuy fit battre le tambour en tête de la colonne pour empêcher la queue de s'égarer dans les rues étroites et tortueuses qu'il fallait traverser.

(1) Cette relation de l'entrée au Caire est assez con-

sous prétexte de chercher un logement pour le quartier général, on parcourut les maisons des beys. Les bijoux et les chevaux furent enlevés. On visita la citadelle (1). J'allai annoncer la liberté à la famille Pini qui y était enfermée (2).

forme au récit suivant, extrait des *Victoires et Conquêtes* et rédigée par un témoin oculaire : « Il était une heure du matin, les Français étaient fatigués d'une marche difficile sur le sol inégal, rocailleux et sablonneux des rues du Caire ; la chaleur et le besoin impérieux de sommeil commandaient un repos nécessaire. Le général Dupuy prit le parti de faire enfoncer la porte d'une grande maison qui se trouvait sur son passage, elle était inhabitée et l'on sut depuis qu'elle appartenait à l'un des chefs subalternes des Mamelucks, désignés sous le nom de kachefs. Les Français y entrèrent pour s'y reposer et attendre le jour. »

(1) *Citadelle*, résidence du pacha turc, château fort bâti au douzième siècle, sur un mamelon qui domine le Caire à l'ouest. Elle renfermait en 1798 le palais de Saladin ou Divan de Joseph, démoli en 1829 pour faire place au palais et à la mosquée de Mehemet-Ali. La citadelle est entourée par des murailles flanquées de tours et crénelées.

(2) A la nouvelle du débarquement des Français à Alexandrie, Mourad bey s'était rendu de son palais de

Le 6 (24 juillet), l'armée étant sur le point d'entrer en ville, les logements se distribuèrent au hasard. Nous nous réunîmes à la place de l'Esbekieh (1), à la maison de Caffarelli (2). Le désordre qui régna pendant plusieurs jours et le défaut de commodités commencèrent à refroidir un peu les esprits. On sentit dès lors qu'il fallait renoncer aux habitudes européennes et

Gizeh au Caire et avait fait saisir tous les négociants européens et leurs familles, avec intention de les mettre à mort pour se venger de l'agression dont l'Égypte était l'objet. Sur les instances du Vénitien Rosati, son agent d'affaires, il se contenta de leur imposer une forte contribution et de les faire enfermer à la citadelle,

(1) *L'Esbekieh,* la plus grande et la plus belle place du Caire, aujourd'hui transformée en un beau parc à la moderne, n'était en 1798 qu'une plaine bordée de constructions et recouverte la moitié de l'année par les eaux du Nil. Elle était en communication directe par la campagne avec Boulacq, d'une part, et le Vieux-Caire, d'autre part. Aussi Bonaparte et après lui Kléber y installèrent-ils leur quartier-général.

(2) Ou la maison d'Elfy-Bey entourée d'un beau jardin.

prendre les usages du pays. Malheureusement, dans ces premiers moments, on avait tout le désagréable des mœurs turques sans en avoir les douceurs. Comme toutes les privations se présentèrent à la fois, elles nous furent plus sensibles et nous rendirent à charge les premiers instants d'oisiveté auxquels nous nous livrâmes (1).

(1) Toutes les relations de la campagne d'Égypte sont d'accord pour constater la désillusion éprouvée par l'armée à la vue de la ville du Caire qu'on lui avait dépeinte comme un séjour enchanteur, pour mieux lui faire supporter les fatigues et les privations de la marche depuis Alexandrie. Les lettres saisies par la croisière anglaise et publiées par le gouvernement britannique donnent à ce sujet des détails dans lesquels il convient de faire la part de l'exagération, mais qui sous cette réserve peignent bien la situation d'esprit des officiers et des soldats telle qu'elle est exprimée par Malus avec modération. Voici, par exemple, ce qu'écrivait à Kléber le général Damas qui, fut plus tard son chef d'état-major général : « Nous sommes enfin arrivés, mon ami, au pays tant désiré. Qu'il est loin de ce que l'imagination même la plus raisonnable se l'était repré-

En peu de jours, la confiance revint dans le Caire, les bazars se remplirent, les bains s'ouvrirent. On commença à voir le grave musulman en pantoufles jaunes et une longue pipe à la bouche parcourir les rues sur son âne. Les mosquées et les harems étaient respectés, la police exercée par les Turcs comme sous l'ancien gouvernement, les cheicks et les chefs de la

senté. L'horrible villasse du Caire est peuplée d'une canaille paresseuse, accroupie tout le jour devant leurs huttes infâmes, puant, prenant du café, ou mangeant des pastèques et buvant de l'eau.

On peut se perdre très aisément pendant tout un jour dans les rues puantes et étroites de cette fameuse capitale. Le seul quartier des Mamelucks est habitable. »

Le général Dupuy, gouverneur du Caire, écrivait à un de ses amis : « Cette ville est abominable, les rues y respirent la peste par leurs immondices ; le peuple est affreux et abruti. Je prends de la peine comme un cheval et ne puis parvenir à me connaître dans cette immense cité, plus grande que Paris, mais toute différente. Ah ! qu'il me tarde de revoir la Ligurie ! »

loi étaient traités avec considération et avaient
la persuasion que notre alliance avec la Porte
n'était point rompue (1).

Cette erreur et la bonne conduite de l'armée
nous valut, au moins en apparence, la bienveillance des Turcs.

(1) Bonaparte s'appliquait par tous les moyens en son
pouvoir à persuader aux populations de l'Égypte et en
particulier à celle du Caire qu'il agissait de concert
avec le Sultan. La présence du Khodja ou lieutenant du
Pacha semblait faite pour entretenir cette erreur.

II

Affaire d'El Khanka. — Combat de Salahieh. — Reconnaissances dans le Delta. — Destruction de la flotte. — Tristesse de l'armée. — Fête du Prophète. — Fête de la République. — Institut d'Égypte. — Insurrection du Caire. — Reconnaissance du canal de Moës. — Branche thanitique du Nil. — Ruines de Bubaste.

Cependant l'armée d'Ibrahim bey n'était encore qu'à Belbeis (1), à dix lieues du Caire, sur la route de Syrie. On se disposa à le chasser de l'Égypte. Je reçus l'ordre de partir avec l'avant-garde du corps d'armée destiné à cette expédition.

Le 15 thermidor (2 août), le général Le-

(1) *Belbeys*, Belbeis ou Bulbeis, grosse bourgade de plusieurs milliers d'habitants, capitale de la province de Charkich, à 45 kilomètres environ du Caire, reprise par Kléber aux Turcs, après la bataille d'Héliopolis, le 21 mars 1800.

clerc (1) partit avec un bataillon de la 9ᵉ de ligne et deux cents chevaux pour occuper un poste sur la route de Belbeis, à une journée du Caire (2). Le premier jour, nous ne fîmes que deux lieues et nous bivouaquâmes à El Matarieh (3). Le second, nous parvînmes à El Hanka (4) où nous fûmes reçus par les habitants avec soumission et bienveillance.

(1) Général Leclerc d'Ostein, officier de l'ancienne armée, colonel du 10ᵉ régiment de chasseurs, nommé général pendant la campagne d'Italie. Excellent officier de cavalerie. Mort en 1801, au Caire.

(2) On lit dans les Mémoires de Berthier sur la campagne d'Égypte, page 23 : « Comme le voisinage d'Ibrahim bey était le plus dangereux, le général de brigade Leclerc reçut l'ordre de partir du Caire le 15 thermidor avec 300 hommes de cavalerie, trois compagnies de grenadiers, un bataillon et deux pièces d'artillerie légère, d'aller prendre position à El Khanka et d'observer Ibrahim bey.

(3) *El Matarieh*, village à dix kilomètres du Caire, sur le champ de bataille d'Héliopolis.

(4) *El Khanka*, bourg à 18 kilomètres N.-E. du Caire.

Le 17 (4 août), nous poussâmes une reconnaissance sur Belbeis. Nous apprîmes qu'Ibrahim était campé sous la ville avec son armée et que tous les cheicks des Arabes du voisinage s'étaient joints à lui. A notre retour, nous fûmes attaqués par la tribu de Billi près le village d'Abouchebé. Leur infanterie s'était embusquée avec ses armes à feu dans les jardins et les broussailles, les cavaliers couraient autour de nous en jetant des cris et brandissant leurs lances. Le soir, nous rentrâmes au camp.

Le 18 (5 août), à la pointe du jour, les postes établis autour du village de El Hanka que nous occupions, rapportèrent qu'il paraissait au loin plusieurs groupes de cavaliers. Comme ils marchaient avec plus d'ordre que des Arabes, nous soupçonnâmes que ce pouvait être des Mameloucks. Effectivement quand ils furent plus près, nous reconnûmes à leurs vêtements et à leurs armes que c'était un détachement de l'armée d'Ibrahim (1).

A peine avions-nous pris les armes que des groupes plus considérables de cavaliers et une foule innombrable de fellahs se présentèrent de tous côtés. Vers les neuf heures, nous étions totalement cernés par une foule de Mameloucks, d'Arabes et d'Égyptiens qui couraient autour de nous en poussant des hurlements et des cris de guerre. Nos gardes avancées, repoussées à plusieurs reprises, s'étaient reployées sur les postes de l'enceinte. Les habitants d'El Hanka, nous voyant enveloppés, avaient pris les armes et nous fusillaient du haut de leurs terrasses. Nous continuâmes à essuyer toute la journée divers assauts dans lesquels le moindre échec

(1) On lit dans les Mémoires de Berthier : « Le 16 thermidor, le général Leclerc est attaqué par 4.000 Mamelucks et Arabes que plusieurs décharges d'artillerie mettent en fuite. » Ceci, comme on peut en juger par le récit de Malus, n'est pas tout à fait exact.

eût décidé de notre entière destruction. A la
nuit l'ennemi suspendit ses attaques et sans
s'éloigner se campa dans les blés et les douras
qui nous entouraient. Notre position avait été
assez critique pour ne pas nous y exposer de
nouveau. Il fut décidé que ne pouvant deman-
der du secours, on se replierait pendant la nuit
jusqu'au village d'El Merg situé à trois lieues
du Caire dans un bois de palmiers. Nous effec-
tuâmes notre retraite vers les onze heures. A la
hauteur du lac des Pèlerins, nous rencontrâmes
un détachement de cavalerie qui nous annonça
un prochain secours. Nous continuâmes notre
route jusqu'au village désigné, où nous fûmes
joints par la division Reynier (1).

Le 19 (6 août), à la pointe du jour, nous
repartîmes, la division formée en bataille, la

(1) Extrait des Mémoires de Berthier : » L'armée se
joignait le 20 (20 thermidor ou 7 août 1798). à l'avant-
garde du général Leclerc. »

cavalerie sur les ailes. L'ennemi vint à notre rencontre, chargea plusieurs fois nos flancs sans les entamer ; on le canonna, il se dispersa et à midi, nous reprîmes possession d'El Hanka (1). Les habitants avaient tous suivi les Mamelucks ou les Arabes, le village fut abandonné aux soldats.

Le 20, ou séjourna. Le 21, le quartier général arriva avec la division Dugua ; le soir, on se rendit à El Menaié (2). Le 22, en allant à Belbeis, nous aperçûmes au loin dans le désert une caravane considé-

(1) Les Mémoires de Napoléon sont sur ce point plus exacts que ceux de Berthier : «Ibrahim-Pacha partit de Belbeis dans la nuit, y est-il dit, et cerna l'avant-garde à El Khanka. La fusillade et la mitraille le tinrent en respect. Les généraux Murat et Reynier, au bruit du canon, marchèrent sans perdre de temps sur El Hanka. Ils arrivèrent à temps pour recueillir l'avant-garde qui opérait sa retraite.

(2) Ou *El Menayer*, à peu près à moitié chemin entre El Khanka et Belbeis.

rable (1), la cavalerie s'en empara, et on lui donna une escorte pour continuer sa route sur le Caire où elle se rendait. Le 23, nous cherchâmes l'armée d'Ibrahim qui nous évitait, et nous allâmes bivouarquer à Koraïm (2).

Le 24, à la pointe du jour, nous nous mîmes en route pour Salehich (3) où l'on soupçonnait trouver l'armée ennemie, on s'arrêta à moitié chemin sans avoir vu un seul Mamelouck. La

(1) C'était la caravane de la Mecque, privée de son escorte, qui s'était jointe aux Mamelucks d'Ibrahim bey. Les Arabes Haouytas et Beli en profitèrent pour la dépouiller. Bonaparte fit rendre les marchandises volées, réorganisa la caravane et la renvoya au Caire sous bonne escorte (Mémoires de Napoléon).

(2) *Coraïm* ou *Koraïm*, bourgade entourée d'une forêt de palmiers, à 32 kilomètres de Belbeis.

(3) *Salahich* à 120 kilomètres du Caire, dernier point où arrivait alors l'inondation du Nil et dernier point habité sur la route de Syrie. La forêt de palmiers de Salahich marque la limite du désert. Bonaparte y fit construire un fort pour interdire l'entrée de l'Égypte à une armée venant de Syrie.

cavalerie se détacha alors en avant-garde au nombre de trois cents chevaux. Dès qu'on découvrit de loin le bois de Salehieh, le général Boyer (1) que j'accompagnais alla le reconnaître avec quinze chasseurs. A l'entrée du bois, une vedette nous tira un coup de carabine et au même moment, plusieurs coups répétés nous annoncèrent que le camp n'était pas éloigné. Nous en fîmes avertir le général en chef qui, à cette nouvelle, fit arrêter la cavalerie et attendre l'infanterie.

Dans cet intervalle, nous nous avançâmes dans le bois et nous vîmes le camp ennemi tout en désordre. Les tentes étaient tendues, les chameaux déchargés et la plupart réveillés par l'alerte couraient çà et là pour savoir s'ils

(1) *Boyer*. C'est le même général qui après avoir été retraité sous la Restauration, fut rappelé au service après la révolution de Juillet 1830, et commanda en Afrique la province d'Oran. Il n'était alors qu'adjudant-général.

devaient fuir ou combattre. Une seconde ordon-
nance annonça ce désordre au général en chef ;
ce ne fut cependant qu'une heure et demie
après qu'il se décida à envoyer cent cinquante
hommes tant chasseurs que hussards et cent
cinquante dragons. Lorsqu'ils arrivèrent, les
chameaux étaient tous chargés et avaient déjà
pris la route de Syrie. Tous les trésors de
l'Égypte, formant une caravane immense, nous
échappaient couverts par une arrière-garde
d'environ deux mille cavaliers.

Il était quatre heures après midi, nos chevaux
fatigués par la route et la chaleur n'avaient
point encore pris d'aliments depuis la veille.
Cependant le général Leclerc commandant cette
avant-garde de trois cents chevaux reçut ordre
de poursuivre l'ennemi. Ils venaient de sortir
du bois. Nous les suivîmes au trot pendant l'espace d'une lieue et demie, n'essuyant de leur
part que quelques coups de carabines tirés de

loin. Ils nous abandonnèrent quelques pièces
d'artillerie et quelques chameaux chargés de
tentes que nous laissâmes derrière nous. Notre
première ligne était formée par les hussards et
les chasseurs montés sur des chevaux arabes, la
seconde par des dragons montés sur des chevaux français. Désespérant de les atteindre,
nous doublâmes le pas avec les premiers. Quand
nous fûmes parvenus à la demi-portée des
armes à feu, ils se retournèrent et firent sur
nous une décharge de leurs carabines et de leurs
pistolets. Nous faisions face à la partie droite
de leur ligne. Pour éviter de rester inutile-
ment exposés à leur feu, nous les chargeâmes
le sabre à la main et nous culbutâmes tout ce
qui se trouva sur l'étendue de notre front. La
plupart se reploya sur leur centre. Mais à peine
avions-nous dépassé leur ligne en poursuivant
ceux qui fuyaient devant nous, que notre droite
se trouva naturellement enveloppée ; cela occa-

sionna sur la gauche un reflux qui produisit une manœuvre précisément contraire à celle qu'il eût fallu faire. Ils tombèrent aussitôt sur notre arrière-flanc, coupèrent notre ligne et nous accablèrent de toutes parts. La mêlée dura environ deux minutes pendant lesquelles nous disparûmes aux yeux des cent cinquante dragons qui nous suivaient. Une décharge qu'ils firent pour éloigner d'eux ceux qui se disposaient aussi à les envelopper mit un peu de désordre au milieu des Mameloucks, nous en profitâmes pour percer leurs rangs et venir nous rallier à la gauche des dragons. L'ennemi, qui n'avait d'autre intérêt que de couvrir son convoi, ne s'obstina pas à nous poursuivre et disparut quelques moments après pour joindre sa caravane.

Parmi les cent cinquante hommes qui effectuèrent cette charge, cinquante-deux avaient été mis hors de combat. On retourna à Salehieh, où l'on se repentit, mais trop tard, de n'avoir pas pris de meilleures mesures pour s'emparer des richesses des beys (1). Le quartier général y séjourna encore deux jours et de là repartit

(1) Le combat de Salahieh fut particulièrement rude et meurtrier. Les Mamelucks y combattaient pour la première fois la cavalerie française privée du secours de l'infanterie, et ils montrèrent qu'ils ne craignaient pas cette cavalerie. C'est là que le général Lasalle, alors chef de brigade du 22e chasseurs ayant laissé tomber son sabre, sauta à terre pour le ramasser et remonta à cheval sans cesser de combattre. C'est là encore qu'Auguste Colbert, capitaine, aide de camp de Murat, chargea sur un cheval qui venait d'être pris à l'ennemi, et sans étriers. Les 150 cavaliers des 7° *bis* de hussards et 22° chasseurs y furent enveloppés par l'ennemi, tous les officiers de l'état-major firent le coup de sabre, et plusieurs d'entre eux furent blessés grièvement. Le général Leclerc intervint à temps avec 150 dragons pour les dégager. Ibrahim bey ne fut pas refoulé dans le désert, comme il est dit dans certaines relations. Ses Mamelucks ne cédèrent le terrain qu'aux approches de l'infanterie et quand le riche convoi qu'ils escortaient fut en sûreté. Le récit succinct de Bonaparte est parfaitement d'accord sur ce point avec

pour le Caire. C'est dans cette marche que le général en chef apprit la destruction de la flotte d'Aboukir (1).

la narration plus détaillée de Malus. « La cavalerie française, dit-il, exécuta quelques charges, elle prit deux petites pièces de canon légères et 150 chameaux chargés d'effets de peu de valeur qu'Ibrahim bey abandonna pour accélérer sa marche. Désespéré de voir ce beau convoi lui échapper, le colonel Lasalle exécuta une nouvelle charge où il perdit une trentaine d'hommes tués ou blessés sans pouvoir forcer l'arrière-garde ennemie. Ibrahim bey continua sa retraite, s'enfonçant dans le désert. »

(1) C'est à mi-chemin de Coraïm à Belbeis que Bonaparte apprit par un courrier expédié d'Alexandrie, le combat naval d'Aboukir et la destruction de la flotte. Cette flotte, commandée par l'amiral Brueys et mouillée dans la rade d'Aboukir, présentait en ligne un vaisseau de cent vingt canons, trois de quatre-vingts et neuf de soixante-quatorze ; trois frégates et deux petites corvettes. L'escadre anglaise sous les ordres de Nelson comprenait treize vaisseaux de quatre-vingts, un de cinquante et une corvette. La rapidité de l'attaque, l'insuffisance des défenses protectrices de la rade, l'impéritie de deux ou trois capitaines, l'explosion du vaisseau amiral l'*Orient*, l'inertie du contre-amiral Villeneuve qui

J'étais resté à Salehieh pour le service des reconnaissances (1). Le 28 (15 août), je partis avec le général Reynier pour savoir la distance de Salehieh au rivage de la mer (2). Nous nous enfonçâmes dans le désert en nous dirigeant au Nord, nous passâmes la branche Pélusiaque (3) qui était à sec, nous nous dirigeâmes ensuite au N.-N.-O., sur un point élevé qui paraissait à

prit le large avec deux vaisseaux et deux frégates amenèrent le désastre de la flotte française, auquel échappèrent seuls les quatre bâtiments emmenés par Villeneuve. Sept vaisseaux et frégates sautèrent ou furent brûlés ; six furent pris par l'ennemi.

(1) Le service des reconnaissances fut confié jusqu'à la fin des guerres du premier Empire non pas aux officiers de l'état-major, qui n'étaient que des officiers de troupe détachés temporairement, mais aux officiers du génie, qui d'ailleurs s'en acquittaient à merveille. (28 thermidor an VI-15 août 1798.)

(2) 63 kilomètres à vol d'oiseau.

(3) La plus orientale des anciennes branches du Nil, dont l'embouchure était à Tineh, près des ruines de Peluse. (Voir page 102.)

l'horizon. Nous y arrivâmes au soir. C'étaient d'immenses décombres situés sur le bord d'un canal d'eau douce (1). Ces ruines sont celles de San ou Thanis (2). Nous y trouvâmes sept obélisques renversés et couverts d'hiéroglyphes, des débris de colonnes et de tombeaux en granit ; beaucoup de poteries plus ou moins fines et un grand nombre de pierres brisées de toute espèce. Le centre de ces ruines formait un vaste bassin d'une forme oblongue, couronné de tous côtés par des montagnes de cendres et de décombres. Nous apprîmes que nous n'étions qu'à deux lieues du lac Menzaleh (3) qui nous

(1) On verra plus loin que c'était le canal de Moës ou ancienne branche Thanitique du Nil.

(2) Sur le canal de Moës, à 25 kilomètres de Salahieh.

(3) Lac *Menzaleh*, le plus considérable des lacs marécageux et peu profonds qui existent sur les côtes d'Égypte, a envahi une grande partie des terrains qu'arrosaient les branches Pélusiaque, Thanitique et Mendesienne. (Voir page 102, note.) Ce lac a plus de 86

séparait de la mer. Nous revînmes le même jour
en côtoyant le canal jusqu'au village de Lescour (1). Le lendemain nous reprîmes la route de
Salehieh. Comme nous étions en petit nombre,
nous fûmes attaqués à moitié chemin par un
rassemblement d'Arabes à cheval, tous bien armés de carabines, de pistolets et de sabres. Ils
ne nous quittèrent qu'aux environs de Salehieh.
Nous arrivâmes enfin accablés de soif et de fatigue. En rentrant au camp je reçus une lettre
d'Europe, venant de Giessen. C'est la seule que
j'aie reçue en Égypte pendant les deux premières années.

Le même jour nous apprîmes l'arrivée des
Anglais à Aboukir et la destruction de notre
flotte. Dès lors nous prévîmes que toutes com-

kilomètres le long de la côte ; sa plus grande largeur
est de 40 kilomètres ; sa largeur moyenne de 18 kilomètres. Il communique à la mer par trois embouchures.

(1) Ou El Ranne.

munications avec l'Europe étaient rompues.
Nous commençâmes à perdre l'espoir de revoir
notre patrie. Après être resté encore quelques
jours à Salehich, je repartis pour le Caire, fati-
gué, malade et triste (1). J'y arrivai le (2)
, à onze heures du soir. Toutes les rues
étaient illuminées. Des troupes de Turcs armés
de torches les parcouraient en poussant des
hurlements. On nous dit qu'ils célébraient la
fête du prophète. Ces cérémonies durèrent
plusieurs jours. On voyait sur les places publi-
ques des forcenés rangés en cercle s'épuiser à
pousser par les narines, des hurlements répétés,

(1) La catastrophe de l'escadre, dit Napoléon dans ses
mémoires, avait consterné les Français : « Nous voilà
donc, disait-on, abandonnés dans ce pays barbare,
sans communication, sans espérance de retourner chez
nous. »

(2) Date laissée en blanc. La fête du Nil fut célébrée
au Caire, le 18 août. La fête du Prophète commença
le 20. La date dont il s'agit ici doit être entre le 20
le 25 août.

et tomber, l'écume à la bouche, exténués de
fatigue ou de rage. Ce sont les saints du
pays (1); leur vie est une extase continuelle,
tout leur est permis ; plusieurs courent les rues
dans divers temps de l'année, nus comme des
singes. Ils ne vivent que des aumônes pu-
bliques.

Au commencement de fructidor, le général
Bonaparte établit un Institut pour les sciences
et arts (2), dont je fus nommé. Il l'assembla

(1) *Fakirs* ou *santons*. Rien n'égalait, paraît-il, le cynis-
me de ces prétendus saints, surtout les jours des fêtes
religieuses. Tout leur était permis. Les femmes esti-
maient bien heureuses celles d'entre elles sur qui
s'exerçaient les privautés d'un fakir et s'empressaient
de former autour d'eux un cercle protecteur. (Rapport
de la commission scientifique d'Égypte.)

(2) Le décret de création de l'Institut d'Égypte est daté
du 21 août 1798; il comprenait 35 membres, répartis en
quatre classes, savoir :

Classe de mathématiques : Andréossy, Bonaparte,
Costaz, Fourier, Girard, Lepère, Leroi, Malus, Monge,
Nouet, Quesnot, Say (remplacé plus tard par Lancret).

pour la première fois le 8 (1) et s'occupa des moyens physiques d'améliorer le sort de l'armée.

Quelques jours après je reçus l'ordre de rejoindre la division Desaix dans la haute Égypte. Je partis le (2)   . Nous remontâmes le Nil jusqu'à la hauteur d'Atfhieh où nous restâmes retenus par un vent contraire. Dans cet inter-

Classe de physique et histoire naturelle : Berthollet, Champy, Conté, Delille, Descotils, Desgenettes, Dolomieu, Dubois (remplacé plus tard par Larrey), Geoffroy, Savigny.

Classe d'économie politique : Caffarelli, Glontier, Poussielgues, Sulkowski, Sacy (remplacé par Bourienne), Tallien.

Classe de littérature et des arts : Denon, Dutertre, Norry, Parseval-Grandmaison, Redouté, Rigal, dan Raphaël, prêtre grec.

(1) La première séance de l'Institut d'Égypte eut lieu le 24 août, dans une maison qui lui était spécialement affectée. Monge fut nommé président.

(2) Date laissée en blanc, comprise entre le 24 août et le 15 septembre.

valle la division redescendit dans le Fayoum, et nous revînmes au Caire.

Quelques jours après mon arrivée au Caire, on me chargea de la fête du 1er Vendemiaire qui devait se célébrer sur la place de l'Esbekié (1). C'était une faible distraction au chagrin qui m'affligeait depuis quelque temps. A cette épo-

(1) La fête du 1er Vendémiaire, anniversaire de la proclamation de la République, fut célébrée avec un grand éclat; la place d'Esbekich était magnifiquement décorée; au centre se dressait une pyramide à sept faces sur lesquelles étaient inscrits les noms des soldats morts depuis le début de l'expédition; elle était entourée circulairement de colonnes en nombre égal à celui des départements de la France. En un point de cette circonférence, se dressait un arc de triomphe portant une représentation, en grisaille, de la bataille des Pyramides. Les troupes occupaient autour de la place un carré dont les quatre faces étaient respectivement fermées par les trois divisions d'infanterie présentes au Caire et par les troupes de cavalerie, d'artillerie et du génie. Le général en chef accompagné d'un nombreux et brillant cortège, salué par le tir de l'artillerie, vint s'installer au pied de la pyramide et prononça un dis

que cette épidémie morale faisait de grands
progrès dans l'armée. On commençait à être
détrompé sur les intentions du Grand Seigneur
relativement à l'expédition, et l'on ne voyait
dans l'avenir aucun espoir de tranquillité (1).
La fête du 1ᵉʳ Vendemiaire fut célébrée sans
enthousiasme. Dans le courant du mois plusieurs détachements furent égorgés en entier,
sur les rives du Nil ou dans le désert (2). Enfin
vers les derniers jours de vendemiaire, la fer-
mentation augmenta de plus en plus dans le
Caire et la révolte éclata. Ce fut le 30 (2 octo-

cours. Un repas de deux cents couverts, des courses
de chevaux, des illuminations, un feu d'artifice, des
danses, etc., terminèrent la fête, dont tout l'éclat ne put
dissiper la tristesse de l'armée.

(1) Plusieurs généraux, fonctionnaires et savants demandèrent alors pour cause de santé à rentrer en
France.

(2) Plusieurs expéditions furent dirigées à ce moment
contre les tribus arabes coupables de ces meurtres, et
conduites par les généraux commandant les provinces.

bre), au matin (1). Les Français étaient dispersés sans méfiance, dans les différents quartiers de la ville ; tout à coup les maisons se ferment, les rues se remplissent d'hommes armés, tous les individus épars sont massacrés (2). La force armée veut rétablir l'ordre. Une vive fusillade s'engage de tous les côtés, la révolte prend un caractère décidé. Le général Dupuy est tué (3). Les Français se réunissent au birket Elphî et au birket Esbekieh (4). Dans la journée

(1) La révolte du Caire fut occasionnée par la déclaration de guerre de la Porte à la France et par la démolition des barrières qui séparaient entre eux les divers quartiers de la ville.

(2) Plus de vingt officiers d'état-major ou du génie périrent de la sorte, ainsi que trente marins qui arrivaient de Belbeis.

(3) Le général Dupuy, gouverneur de la ville du Caire, fut tué en sortant de la cour du palais, par un homme aposté qui le frappa d'un cou de lance.

(4) *Birket el fil*, place El fil, située au pied de la citadelle. Le mot birket signifie lac. Les places principales

je saisis entre les mains d'un Turc des dépouilles
provenant de la maison du général Caffarelli ; je
le crus égorgé et n'appris que le lendemain,
qu'il avait quitté par hasard sa maison quelques
heures avant que les Turcs ne la dévastassent (1).
Dans la soirée, on voulut pénétrer avec de
l'artillerie, au foyer de la révolte, ce fut inuti-
lement. Les rues étaient barricadées et les Turcs
embusqués dans les maisons en défendaient
l'entrée. Le 1er brumaire (22 octobre), à midi,
une batterie fut établie en dehors de la ville, en
face de la grande mosquée, qui était le point de

étaient transformées en lacs pendant la durée de l'inondation.

Birket el Esbekich, place de l'Esbekich.

(1) La maison de Caffarelli fut complètement dévas-
tée : deux ingénieurs des ponts et chaussées, nommés
Thévenot et Duval, furent massacrés avec les domestiques du général. Les membres de l'Institut et de la
commission scientifique furent plus heureux en défen-
dant énergiquement la maison qui leur avait été affectée.

réunion des Turcs (1), et celles de la citadelle eurent ordre en même temps de bombarder la ville. Le bombardement et la canonnade durèrent jusqu'au soir (2). Alors les cheiks obtinrent leur pardon et une amnistie. Pendant cette attaque, un grand nombre d'Arabes s'étaient réunis à l'extérieur et cherchèrent à enfoncer quelques postes (3). Ils furent repoussés et se

(1) Le général Dommartin, commandant l'artillerie, établit une batterie de 4 mortiers et 6 obusiers sur le revers du Mokatam, chaîne de montagnes au pied de laquelle est bâtie la citadelle du Caire.

(2) Le total des pièces faisant feu sur la ville et principalement sur la grande mosquée où s'étaient enfermés les révoltés, était de plus de 30 : le bombardement commença à une heure de l'après-midi. Les insurgés voulurent charger les batteries, ils furent repoussés avec une grande perte.

(3) Les généraux Dumas, commandant la cavalerie de l'armée, Vaux et Lannes furent chargés avec leurs colonnes de repousser les insurgés du dehors. C'est là que fut tué le colonel Sulkowski, aide de camp de Bonaparte, officier du plus bel avenir, membre de l'Institut d'Égypte.

dispersèrent quand la révolte de l'intérieur fut terminée. La faute de cette rébellion fut jetée sur quelques principaux habitants qui furent mis à mort et payèrent pour tous (1).

Le 4 brumaire (25 octobre) je reçus l'ordre d'aller commencer l'établissement d'un fort dans l'emplacement où avait été postée la batterie qui avait canonné la grande mosquée (2). J'en jetai les fondements et, quelques jours après, je vins me camper dans les tombeaux des Mameloucks (3) pour être plus à portée de veiller à

(1) 80 prisonniers de la citadelle, reconnus coupables d'avoir suscité l'insurrection, furent passés par les armes.

(2) Ce fort fut appelé fort Dupuy.

(3) Extrait des Mémoires de Napoléon : « A une demi-lieue du Caire, dans le désert, est la ville des Morts. Cette ville a une quantité de mosquées, de maisons, de pavillons, de kiosques formant une masse de bâtisses aussi considérable que la ville. Beaucoup de personnes entretenaient la surveillance des lampes allumées dans ces tombeaux. Des fontaines y ont été construites. » Là s'élèvent encore les *tombeaux des Kalifes*, mais ils sont abandonnés et tombent en ruines, et la

son exécution. Je fus alors presque exilé du Caire, je n'y entrai jamais quoique je fusse à ses portes.

A la fin de frimaire (du 15 au 20 décembre) le fort Dupuy était presque achevé. Je reçus l'ordre de faire la reconnaissance des communications du Nil avec le lac Menzaleh et avec Salehieh ; Le Fèvre (1) reçut aussi l'ordre de m'accompagner dans ce voyage. On me donna pour escorte cent hommes de la 32°. En partant du Caire, nous traversâmes la province de Kelioub (ou Qualioub). Nous en trouvâmes les habitants plus affables que ceux qui habitent la lisière du désert. Les campagnes sont mieux cultivées, les villages plus considérables et en plus grand nombre. On y rencontre beaucoup

vallée déserte, qu'on appelle *Vallée des Tombeaux*, n'est plus qu'un amas de ruines.

(1) Lefebvre, ingénieur adjoint à la commission scientifique, avait assisté le général Andréossy dans la reconnaissance du lac Menzaleh.

de jardins et de pépinières; les palmiers y sont
plus rares et les sycomores beaucoup plus con-
nus. Cette province s'étend jusqu'à Atrib, qui
est à quinze lieues du Caire. Ce village est établi sur les ruines d'une ville qui portait ce nom.
Elle est située sur le rivage du Nil, ses décombres s'élèvent au-dessus de la plaine comme
une longue montagne (1). On n'y voit aucun
débris d'antiquité. On remarque seulement
l'emplacement de deux grandes rues, l'une parallèle au fleuve, au centre de la ville; l'autre
qui lui est perpendiculaire. Les habitants mon-
trent aussi le lieu où était le palais du prince.
Il y a dans toute l'étendue de ces ruines beaucoup de restes de fours à chaux, ce qui fait présumer que les Égyptiens ont converti en chaux
les monuments en marbre qu'ils y ont trouvés

(1) *Atrib* ou *Kom Atriba* marque l'emplacement de l'an-
tique Athribis. Près des ruines s'élève la ville moderne de
Benha-el-Asel, chef-lieu de la province du même nom.

sous leurs mains. La proximité du Nil a pu servir à l'enlèvement des pièces de granit, s'il s'en trouvait, ou elles ont été ensevelies sous les décombres et les cendres. Atrib n'est qu'à une lieue du canal de Moës que nous cherchions et qu'on soupçonnait être le même que nous avions vu à la hauteur de San dans notre première reconnaissance sur le lac Menzaleh. Nous arrivâmes le (1)   , au petit village de Moës situé à un quart de lieue de l'origine du canal, auquel il donne son nom dans cette partie. On nous annonça un rassemblement d'Arabes qui se dispersa pendant la nuit. Le lendemain nous commençâmes nos opérations, que nous fîmes avec soin pour lever une carte exacte de cette branche du Nil. Nous vîmes au premier aspect que ce qu'on avait cru un canal était réellement une rivière. La rapidité de son

(1) Date laissée en blanc.

cours, sa largeur, sa profondeur, le peu d'éléva-
tion de ses bords et de la plaine qui l'environne nous persuadèrent qu'elle n'avait point
été creusée par la main des hommes. Nous nous
sommes assurés par la suite que c'était vérita-
blement la branche Thanitique du Nil (1). La
plaine qui l'environne à son origine est riche et
bien cultivée, elle produit du blé, du douras,
des légumes et de la canne à sucre. Les habitants en sont méfiants et souvent inquiétés par
les Arabes. Nous reconnûmes plusieurs canaux
qui s'y jettent et portent l'eau dans l'intérieur
des terres, lors des crues du Nil. Tous ces canaux
étaient fermés à leur origine par des digues.

(1) Au moment de l'expédition d'Égypte, on pouvait
encore suivre les traces des sept branches du Nil et
reconnaître dans quelques canaux navigables pendant
une partie de l'année, les restes existants des cinq
branches secondaires, quoique le fleuve n'eût plus alors
que deux embouchures, auxquelles aboutissaient les
deux branches principales de Rosette à l'ouest et de

L'un deux s'étend jusqu'aux environs de Belbeis. Les villages qui bordent la rivière sont considérables et les habitants bien armés.

A cinq lieues du Nil elle se divise en deux branches dont l'une s'étend au sud-est, l'autre directement à l'est. Elles se réunissent, à une journée, vers l'est; elles forment une ile dont parlait Hérodote et qui était habitée par les Calasiris, tribu destinée uniquement au métier des armes. Nous suivimes la branche du sud, elle nous conduisit à l'ancienne Bu-

Damiette à l'est. Le canal de Moës représentait l'ancienne branche Thannitique, dont l'embouchure se retrouvait à Omferedge, au delà du lac Menzaleh traversé par le canal de Moës. Le canal d'Achmoun était la branche Mendésienne, et les canaux Kar et Tabacnenhich, qui tombaient dans la mer à Bourlos, constituaient l'ancienne branche Sebennitique. La branche Canopique, située à l'extrême ouest, avait déjà presque disparu; enfin, la branche Pélusiaque, à l'extrême est, se retrouvait surtout à son embouchure, près de Tineh et des ruines de Péluse.

baste (1). Ces ruines qu'on aperçoit de fort loin
sont situées à une demi-lieue du canal, elles s'é-
lèvent irrégulièrement autour d'un grand bassin
d'environ trois cents toises de longueur. Au
milieu de ce bassin, on trouve encore les débris de
plusieurs monuments de granit, des portions de
colonnes, de corniches, d'obélisques. Plusieurs
de ces blocs sont couverts d'hiéroglyphes et de
dessins incrustés qui ne se sont point endom-
magés. Ils donnent une véritable idée de l'ar-
chitecture égyptienne. Les décombres environnants sont semés de pierres de différentes espèces, de marbres de diverses couleurs. Près
de là est un petit village qui s'appelle Thul
Basta.

A trois lieues plus loin, en suivant la rive du

(1) Les ruines de Bubaste, aujourd'hui désignées sous
le nom de *Tell Besta,* sont situées à 8 kilomètres environ
de Zagazig, capitale de la province, ville qui a pris une
certaine importance dans ces derniers temps et compte
20.000 âmes, mais dont Malus ne fait même pas mention.

canal, est une petite ville moderne (1) fort peuplée et environnée d'un grand bois de palmiers
dont presque toutes les parties sont disposées
en quinconces. Cette ville est entourée de murailles crénelées et de tours qui les flanquent.
Les portes sont pratiquées dans des tombeaux
armés aussi d'un double rang de créneaux. Entre la ville et le canal était un quai couvert de
coton, de blé, de cannes à sucre et de couffes de
dattes. Les cheicks nous offrirent du pain et des
moutons.

Nous nous rendîmes de là à Courbès (2), petite
ville située sur des ruines, à une demi-lieue de
la rive. Des habitants nous montrèrent des colonnes de granit renversées; on trouva un
tronc de statue et le pied d'un colosse. Nous

(1) Probablement Hehiah, à 4 kilomètres d'El-Ibra-
himich qui fut fondée par Ibrahim-Pacha en 1828.
(2) Probablement Horbeit, près du point où se réunissent les deux branches du canal.

prîmes quelques renseignements sur le reste de notre voyage et nous allâmes camper à Kafrefournigue (1), dont on nous avait souvent parlé dans notre route comme du lieu où se terminait le canal. Il ne s'y termine pas effectivement, mais ce village est regardé dans le pays comme la limite des terres civilisées. Jamais les barques venant du Nil ne l'ont dépassé, jamais les barques de la partie inférieure n'ont remonté plus haut. Les habitants de ces deux parties se font une guerre continuelle. Ceux du bas canal sont les plus sauvages. Ce sont tous des Arabes pasteurs, qui cultivent fort peu ; leurs villages sont petits et entourés de murs. Comme ils sont toujours en guerre entre eux, la campagne est semée de petites tours sans porte, où ils se réfugient quand ils sont surpris en plaine par leurs ennemis. Il y en a de semblables sur le bord du canal.

(1) Ou Saffra, à 1.500 mètres de Horbeil.

Ces Arabes marchent toujours armés soit de lances, soit de carabines. Comme c'était la première fois qu'ils voyaient des Français, ils se disposèrent à diverses reprises à nous attaquer. Mais le soin de leurs troupeaux et l'incertitude du succès les en dégoûtèrent toujours. Les plaines qu'ils habitent sont peu propres à la culture, elles sont presque toutes incultes.

De Kafrefournigue nous mîmes trois jours après pour nous rendre à San (1), que j'avais déjà visité avec le général Reynier. Ce fut là que nous fûmes définitivement convaincus que ce grand canal n'était autre chose qu'une des anciennes branches du Nil. A une lieue au-dessus de San, nous vîmes le canal qui pendant un mois de l'année conduit à Salehieh. Après avoir terminé la reconnaissance entière de notre rivière, j'avais résolu de retourner au Caire par la limite du désert en passant par Salehieh,

(1) Voir page 87.

Belbeiss... Nous repartîmes de San le (1) pour nous rendre à ce premier poste du village de Lescour (2); en remontant le canal, plusieurs cheiks vinrent se mettre entre mes mains. Tous les villages environnants étaient depuis quelque temps en révolte ouverte. Trois jours avant, un corps de cinq cents Français conduits par le général Lagrange avait marché sur eux pour les soumettre ; mais ils avaient été arrêtés par les marais et les canaux, dont ils ignoraient les gués. Comme j'avais reconnu les divers passages praticables et que j'avais pénétré dans l'intérieur du pays, les cheiks vinrent se soumettre et je les conduisis à Salehieh. Nous fîmes séjour à ce camp. Enfin, le (1)   , nous partîmes pour le Caire, où nous arrivâmes en quatre jours.

(1) Date laissée en blanc.
(2) El Kanne.

III

Visite aux Pyramides et au Sphinx avec Kléber. — Puits
et divan de Joseph. — Reconnaissance du Delta.
— Expédition de Syrie. — Départ pour El-Arisch.
— Arrivée de Bonaparte. — Siège d'El-Arisch. —
Prise de Gaza. — Siège et prise de Jaffa. — L'assaut.
— Le pillage. — Le massacre des prisonniers.

Le général Bonaparte était absent, il était parti
pour Suez depuis six jours. Je fis alors au Caire
un séjour de quelques décades. Le (1)   ,
nous allâmes aux Pyramides avec le général
Kléber. J'en parcourus l'intérieur, nous visitâ-
mes aussi le Sphinx (2); nous descendîmes dans
l'intérieur de la tête par un puits creusé sur le
crâne. Cette tête a vingt-six pieds du menton à

(1) Date laissée en blanc. 27 décembre, d'après ce
qui suit.

(2) Le Sphinx n'est autre chose qu'un rocher taillé et
maçonné en certains points, de manière à présenter la

la partie supérieure. Nous sommes entrés dans les catacombes creusées dans le roc autour des Pyramides. Les murs en sont couverts de bas-reliefs et d'hiéroglyphes (1).

J'ai profité pendant quelque temps du repos qu'on me laissa pour visiter les monuments du Caire et des environs. Les travaux des Arabes, dont une partie est conservée, sont ce qu'il y a de plus intéressant. Tous ont une utilité directe. Le puits de Joseph (2), à la citadelle, est un

forme d'un lion colossal accroupi. Des fouilles entreprises à diverses époques en ont dégagé la base du milieu des sables, mais le sable a chaque fois repris le dessus. La longueur totale du Sphinx est d'environ 63^m50. La hauteur de la tête, mesurée du menton au sommet du front, est de 9 mètres. L'œil a 1^m40 de longueur, la bouche 2^m32.

(1) Les monuments funéraires qui couvrent le plateau des Pyramides et qui appartiennent à toutes les époques de l'histoire, sont en effet remarquables par la grande quantité d'hiéroglyphes, d'inscriptions et de peintures qu'on y trouve sur les parois intérieures.

(2) *Le puits de Joseph* est situé dans la citadelle. Sa profondeur est de 88^m30, dont 13^m50 au-dessous du roc.

chef-d'œuvre de patience et de construction. I.
est creusé dans le roc jusqu'à une profondeur
de deux cents pieds ; il règne autour une gale-
rie en rampe en forme creusée aussi dans le
roc et qui sert à conduire dans l'étage inférieur
les bœufs destinés à élever l'eau au premier ré-
servoir. Le mécanisme pour l'ascension de l'eau
est une simple roue à pots à chacun des deux
étages. Le divan de Joseph (1) est un assemblage

La plate-forme qui termine l'étage supérieur est de 48^m
au-dessus de l'ouverture. Une sequieh ou *noria*, sorte
de roue verticale à pots en godets, mue par un bœuf,
élève l'eau jusqu'à une réserve d'où elle est puisée par
une autre sequieh placée au niveau de la plate-forme
supérieure. La rampe à hélice permet au bœuf de descendre jusqu'à un manège. On peut descendre plus bas
par un escalier humide, glissant et dangereux.

(1) *Divan de Joseph*. On appelait ainsi le palais de
Saladin, détruit en 1829 et remplacé par le palais et la
mosquée que fit construire Méhémet-Ali. Il était remarquable par son effet architectural et par la quantité de
travail qu'avait exigée le transport du nombre énorme
de colonnes monolithes supportant les arcades.

grotesque de colonnes sans bases ou sans chapiteaux, toutes différentes l'une de l'autre.

A la fin de pluviôse (1) on parlait beaucoup de l'expédition de Syrie. Caffarelli me promit que j'y serais employé. Ce fut cependant vers ce temps qu'il m'envoya faire la reconnaissance du Delta.

Je m'embarquai en conséquence au Caire, sur le *Bourlos*, bateau plat destiné à se rendre dans le lac Bourlos (2). Nos instructions portaient de nous rendre dans le Karinène par le canal de Tabanié. Nous nous rendîmes donc à ce canal dont l'origine est à trois lieues plus bas que Semenoud, nous le reconnûmes et le trouvâmes

(1) A la fin de pluviôse an VII, c'est-à-dire vers le 20 février 1799. L'expédition était résolue depuis l'occupation d'El-Arisch, sur les frontières de Syrie, par l'armée de Djezzar Pacha que commandait Abdallah.

(2) Ou Bouroullos, un des trois grands lacs qui longent, en Égypte, le littoral de la Méditerranée (lacs Mareotis, Bourlos et Menzaleh).

presque à sec. Nous l'écrivîmes au Caire ; en attendant la réponse, j'allai avec Lefèvre et Saint-Simon à Mehallet el Kébir. Nous n'y séjournâmes pas et revînmes à Semenoud ; deux jours après nous vîmes passer les équipages du général Kléber qui se rendait à Damiette (1). Il les suivait de près. Nous apprîmes en même temps que tout se disposait au Caire pour le départ de Syrie. Craignant de manquer l'expédition, je pris le parti de me rendre à Damiette, près du général Kléber, sans attendre la réponse du Caire, et j'abandonnai la reconnaissance du Delta. J'arrivai à Damiette la surveille du départ. Le général Kléber, à

(1) *Damiette*, grande ville située sur la branche orientale du Nil, à 9 kilomètres de la mer, très importante au moyen âge. Se trouve actuellement à 6 kilomètres de l'emplacement qu'elle occupait sous saint Louis. Population : 50.000 âmes. Était le chef-lieu du commandement de Kléber. L'entrée du Nil ou *boghaz* était défendue par le fort Lesbch.

qui j'exposai ma position, me permit de le suivre.

Le 3 février, nous nous rendîmes au lac Menzaleh, où nous nous embarquâmes pour Omferedge. Nous mîmes deux jours entiers à traverser le lac, sur une longueur de vingt-deux lieues. Le peu d'eau qui s'y trouvait nous gêna beaucoup.

Le 5, nous débouchâmes dans la mer par la bouche d'Omferedge, et quatre heures après nous abordâmes au mouillage de Tineh (1), en face de Peluse. C'est une plage aride et marécageuse sur laquelle il ne se trouve aucune source d'eau douce. On y découvre à l'est le mont Cassim, au sud Péluse et Pharama, et à l'ouest la vieille tour de Tineh. Le mouillage est formé par l'ancienne embouchure de la branche Pélusiaque.

Nous partîmes le lendemain matin pour

(1) *Tineh,* port situé près des ruines de Péluse, à l'extrémité sud du lac de Menzaleh.

Cattieh (1), qui est situé au milieu du désert à quatre lieues de la mer et à cinq de Tineh. Le général Reynier en était déjà parti la veille pour El-Arisch, avec sa division (2). Il n'y avait alors à Cattieh aucun approvisionnement pour le passage de l'armée qui arrivait tous les jours ; ce qui fut cause de la disette que nous éprouvâmes devant El-Arisch (3). Le cinquième jour qui suivit le départ du général Reynier,

(1) *Cattieh*, poste avancé dans le désert, sur le chemin de Damiette à la frontière de Syrie.

(2) *El Arisch*, clef de l'Égypte, sur la frontière de Syrie, dans un vallon tellement placé qu'une armée venant de Syrie est forcée d'y passer. Le temps manqua pour y construire une place forte qui aurait mis l'Égypte à l'abri de toute invasion de ce côté. La garnison était très faible. L'avant-garde d'Abdallah s'en empara par surprise.

(3) Le corps expéditionnaire de Syrie comprenait les quatre divisions d'infanterie Kléber, Reynier, Lannes et Bon, et une brigade de cavalerie commandée par Murat, le tout formant un effectif d'environ 10.000 hommes avec 20 bouches à feu de campagne et un parc de

nous apprîmes vers midi, par un courrier arabe, son arrivée devant El-Arisch, la malheureuse tentative qu'il avait faite pour l'enlever de vive force et la perte d'environ trois cents hommes qu'il avait essuyée. Il annonçait à la fin de la lettre qu'il découvrait l'armée ennemie arrivant de Syrie. Il fut alors décidé qu'on lui enverrait un corps d'environ trois cents hommes avec un convoi de vivres pour lui annoncer la prochaine arrivée de l'armée. Ces trois cents hommes formaient l'avant-garde de la division Kléber, qui devait partir le lendemain.

Ce fut avec cette escorte que je partis pour El-Arisch. Nous quittâmes Cattieh le jour même et nous allâmes prendre quelques heures de repos aux fontaines salées. Le lendemain nous allâmes coucher à sept heures d'El-Arisch,

15 pièces pour l'attaque des places. Kléber venait de Damiette, Reynier de Cattieh, Bon, Lannes et Murat du Caire.

dans une plaine aride et sans eau. Nous souffrîmes beaucoup de la chaleur et de la soif.

Le 11 février, nous nous acheminâmes sur El-Arisch. Au milieu du jour nous nous reposâmes ; à deux heures après midi, nous nous remîmes en route. A quatre heures, en approchant de la fontaine de Messoudiah, à dix-huit lieues des puits salés, nous découvrîmes des vedettes ennemies. Cinq minutes après nous fûmes attaqués. Nous étions déjà formés en bataillon carré. Comme les tirailleurs ennemis étaient embusqués dans des broussailles, nous allâmes nous appuyer sur la mer qui était peu éloignée. Nous ne pûmes pas boire. Ils se dispersèrent à l'approche de la nuit, nous continuâmes alors notre route en suivant le rivage. Les soldats étaient exténués de fatigue, les plus forts marchaient en avant, les plus faibles restaient sur les derrières ; le convoi se dispersait, la nuit cachait ce désordre. Le chef du détachement, homme peu habitué au commandement des troupes, affectait beaucoup d'insouciance, aussi chacun s'acheminait dans les ténèbres, guidé par le rivage. Nous ignorions absolument et la position d'El-Arisch, qui est à une lieue de la mer et celle du camp du général Reynier. Nous ne connaissions pas davantage la situation du camp ennemi. Quand, au bruit de la mousqueterie, nous soupçonnâmes être à à peu près à la hauteur d'El-Arisch, nous quittâmes le bord de la mer ; aussitôt nous aperçûmes une grande étendue de feux et nous ne doutâmes pas que ce fût le camp français.Nous nous y acheminâmes en désordre, et en y arrivant nous nous aperçûmes que nous étions sur le camp ennemi.Nous nous reployâmes vers la place, mais les postes français qui nous entendaient venir du camp des Mamelouks firent feu sur nous. Nous courûmes à eux pour nous faire reconnaître, et nous arrivâmes vers dix ou onze heures au camp du général Reynier, placé à deux cent cinquante toises de la place, derrière un faible rideau.

Le lendemain matin nous reconnûmes les positions de l'ennemi. Le surlendemain, dans la nuit, nous ouvrîmes la tranchée et parvînmes à la pousser avant le jour, jusqu'aux maisons placées sous le fort.

Le général Kléber arriva et apporta un peu de vivres. La disette était dans le camp ; on mangeait les chameaux, les chevaux et les ânes.

Nous étions réduits à la dernière extrémité. Kléber fit attaquer le camp ennemi dans la nuit du (1)   , il fut enlevé, les Mameloucks

(1) Date en blanc. L'attaque du camp turc eut lieu dans la nuit du 14 au 15 février. Elle fut conduite, non pas par Kléber, mais par Reynier. Napoléon la cite dans ses mémoires comme une des plus belles opérations de guerre qu'il soit possible de faire. Le plan en avait été parfaitement combiné. Tout se passa comme l'avait prévu et ordonné Reynier. Les Turcs furent complètement surpris. Le pacha n'eut que le temps de se sauver à pied. L'ennemi laissa sur le terrain 4 ou 500 morts, 900 prison-

furent dispersés et leurs provisions amenées au
camp français. Cela procura un double avantage, car leur voisinage nous gênait beaucoup.
Tous les jours, vers les dix ou onze heures du
matin, ils se formaient en bataille et venaient
escarmoucher devant nos camps. Les troupes
prenaient les armes et gardaient leurs positions
jusqu'à ce que l'ennemi fût rentré dans son
camp qui était placé à trois quarts de lieue de
nous. Après leur dispersion ils se retirèrent à
Gaza. Le 15 février (1) Bonaparte arriva,
ainsi que les divisions Bon et Lannes. Il somma
la place de se rendre à discrétion; elle refusa
et demanda pour condition de sa capitulation
d'emporter les armes et d'emmener les che-

niers, tous les chameaux, une grande partie de ses
chevaux, toutes ses tentes et bagages. Reynier eut
seulement trois hommes tués et 15 ou 20 blessés.

(1) 15 février, à la pointe du jour (Mémoires de Napoléon). Les divisions Bon et Lannes n'arrivèrent devant
El-Arisch que les 18, 19 et 20 février.

vaux (1). Le général tint à sa sommation. Le feu recommença. Le (2)   je fus chargé de m'emparer d'un poste au nord-ouest, à quarante toises de la place, pour resserrer l'ennemi de plus près. Les soldats que j'y établis y restèrent trente-six heures sans pain ni eau, l'ennemi tuant ou blessant tous ceux qui essayaient d'en sortir pour communiquer au dehors.

Le 20 février (3) on établit les batteries de brèche, on rangea les troupes en bataille sur divers points autour de la place et on somma de nouveau l'ennemi. Il refusa de se rendre. Aus-

(1) La défaite de l'armée d'Abdallah n'avait eu aucune influence sur le moral et sur les dispositions de la garnison d'El-Arisch.

(2) Date en blanc.

(3) Le 20 février, dit Napoléon dans ses mémoires, le général Dommartin (commandant l'artillerie de l'armée) réunit les obusiers des divisions, au nombre de 10, et fit bombarder la place, sur laquelle le feu fut dirigé avec la plus grande adresse. Tel n'est pas l'avis de Malus, comme on peut le voir.

sitôt on commença le feu. On battit en brèche avec des boulets et des obus, on lança des bombes dans la place. Mais il est à remarquer que l'armée étant rangée presque en cercle autour du fort, les boulets et les obus qui manquaient leur but tombaient sur nos gens. Plusieurs obus tombèrent au milieu même de l'ambulance. Enfin dans ces dernières attaques nous perdîmes plus de monde par notre propre feu que par celui de l'ennemi.

Le lendemain matin, comme j'étais de tranchée, nous poussâmes la sape au pied même de la brèche, dont nous pouvions ramasser les pierres. L'ennemi demanda à parlementer et obtint pour sa capitulation les premiers avantages qu'il avait proposés (1). Ces articles ne furent

(1) 21 février. La garnison posa les armes sur le glacis, et remit ses chevaux ; elle jura de se rendre à Bagdad, de ne plus reparaître en Égypte ni en Syrie. 300 hommes environ prirent du service dans l'armée française. Les autres furent escortés pendant six lieues dans la direc-

point exécutés de notre part aussi religieuse-
ment qu'ils auraient dû l'être, et nous don-
nâmes aux Turcs les premiers exemples de
perfidie.

La garnison ennemie sortit vers les quatre
heures après midi et défila dans nos rangs,
emportant ses armes et un certain nombre de
chevaux et de mulets chargés et couverts. Dès
qu'ils furent réunis dans la plaine, ils furent
cernés par la division Bon, puis dispersés dans
les diverses divisions de l'armée ; on préten-
tendait les forcer de servir avec nous. Ils ont
tous déserté par la suite, quand ils en ont
trouvé l'occasion.

Nous trouvâmes après leur sortie l'intérieur
du fort dans le plus grand désordre. Les cours

tion de Bagdad. La plupart violèrent l'engagement qu'ils
avaient pris et reparurent dans l'armée turque. C'est
ainsi que la capitulation d'El-Arisch est racontée par
Napoléon et par Berthier. Le récit de Malus est quelque peu différent.

étaient remplies de chevaux détachés, de cadavres et d'effets culbutés. Une chambre entière
était encombrée de pestiférés moribonds. Les
poudres étaient éparses çà et là. Les magasins
contenaient beaucoup de vivres. Ils s'étaient
disposés à l'assaut. La tour qu'on avait battue
en brèche était barricadée avec soin et intelligence.

Le 16 (1) ils avaient éventé une mine que
nous poussions sous la courtine, en venant par
une contre-mine à notre rencontre.

Le siège dura quatorze jours, parce que le
parc d'artillerie arriva fort tard.

Le lendemain de la prise d'El-Arisch (2),
l'armée partit pour la Syrie. La division Reynier resta en réserve. Ce furent les vivres
pris dans le fort qu'on distribua aux troupes
pour la marche. Chaque soldat avait du bis-

(1) 16 février. (*Victoires et Conquêtes.*)
(2) C'est-à-dire le 22 février.

cuit pour quatre jours ; mais les rations
étaient trop faibles. La première journée de
notre marche, qui fut de neuf lieues, nous
fûmes égarés par nos guides (1); nous suivîmes le lit d'un torrent qui vient du Sud. Le
soir, après un long détour, nous n'étions parvenus qu'à deux lieues d'El-Arisch, nous campâmes dans une plaine aride et sans eau. Il fit
mauvais temps, on partit à la pointe du jour et on
alla reposer près du lac salé nommé (2)   .

(1) Kléber devait se rendre à Khan-Younes, premier
village de la Palestine. Son guide le trompa ; quand il
s'en aperçut il fit fusiller le guide, força quelques Arabes qu'il rencontra à le conduire et arriva le 24 au
Santon, à trois lieues en avant de Khan-Younes, après
48 heures de la marche la plus pénible, sans avoir pu
se procurer une goutte d'eau. Bonaparte, n'ayant pas
trouvé Kléber, avait rétrogradé sur Santon, où toutes les
divisions se réunirent près du puits de Zaouy et souffrirent beaucoup de la soif.

(2) Nom en blanc. Il n'est question de ce lac ni dans
les mémoires de Bonaparte ni dans ceux de Berthier.
D'après ces mémoires et les récits des *Victoires et Con-*

On souffrit beaucoup de la soif. Une partie des soldats avaient même déjà épuisé leurs vivres. A quatre heures après midi on repartit et on alla coucher au puits de Zaouy, où nous arrivâmes pendant la nuit. Nous y fûmes incommodés par une pluie abondante. On repartit de bonne heure, à dix heures nous arrivâmes à Kan Younès qui est la limite du désert (1). Là nous commençâmes à voir de la verdure et des arbres, mais le village étant abandonné ne nous fut d'aucune ressource. Tous les vivres épuisés, on fit tuer six chameaux par division, ils furent distribués à la troupe, et à midi on se remit en marche pour Gaza qui était à quatre lieues de Kan Younès,

quêtes, les troupes de Kléber ne bivouaquèrent pas pendant une marche de 48 heures.

(1) A Khan-Younes l'armée entrait en Terre-Sainte, l'eau des puits y était saine et abondante, mais de Khan-Younes à Gaza il n'y avait que de l'eau saumâtre.

La cavalerie ennemie nous attendait sur les hauteurs en avant de la ville, elle se dispersa à notre approche et se retira dans l'intérieur de la Palestine (1). Nous campâmes sur la montagne au sud de la ville. La division Kléber campa à l'est. On entra dans Gaza sans coup férir (2). L'ennemi avait laissé dans la citadelle une quantité considérable de vivres et de munitions de guerre.

(1) L'armée d'Abdallah comprenait cent vingt mille hommes, dont soixante mille de cavalerie. Une avant-garde de cavalerie était postée à deux lieues en avant de Gaza. Il y eut un engagement dans lequel l'ennemi perdit deux ou trois cents hommes et l'armée française une soixantaine de tués, blessés ou prisonniers.

(2) *Gaza*, ancienne ville des Philistins, célèbre par l'histoire de Samson, peuplée d'environ cinq mille âmes, défendue par un fort circulaire de soixante mètres de diamètre, flanqué de tours. On y trouva des magasins considérables, et l'armée y renouvela ses approvisionnements complètement épuisés. La plaine de Gaza était riche, couverte d'une forêt d'oliviers et arrosée par beaucoup de ruisseaux.

Les soldats, pour se dédommager des privations qu'ils venaient d'éprouver, pillèrent la ville et y puisèrent le germe de la contagion qui dès ce moment fit tant de ravages dans l'armée (1).

Les collines qui environnent Gaza sont couvertes de bois d'oliviers. Les soldats enflammaient de tous côtés des arbres entiers pour se chauffer ou se divertir. Des pluies abondantes nous arrêtèrent pendant quatre jours dans cette position. Dans cet intervalle, le parc et la division Reynier nous rejoignirent. — Trou-

(1) Ni Bonaparte, ni Berthier, ni les auteurs des *Victoires et Conquêtes* ne parlent du pillage de Gaza. Berthier dit même que les habitants furent traités en amis ; on peut lire dans les *Victoires et Conquêtes* que la discipline la plus sévère fut maintenue dans les troupes et que, pendant les deux jours passés par l'armée à Gaza, il ne fut commis aucun excès qui pût indisposer les habitants de cette ville. Il est possible que Malus se trompe ici, car généralement les germes de la peste passent pour avoir été contractés à Jaffa et non à Gaza.

peaux pillés par les guides, malgré la parole
du général.

Enfin, le 1er mars nous partîmes pour
Esdod (1). Nous y arrivâmes de nuit et on mit
encore le feu à un grand bois d'oliviers. La vallée
que nous avions suivie avait l'air fort pauvre (2).
Elle était peu cultivée, les villages étaient abandonnés, les habitants s'étaient retirés dans le
désert d'Hébron.

Partant d'Esdod pour Ramleh (3), nous nous

(1) *Esdod* ou *Azote*, où se trouvaient des puits abon-
dants.

(2) Le chemin qui conduit de Gaza à Jaffa, lit-on
dans les *Victoires et Conquêtes*, présente beaucoup
de difficultés. Il faut parcourir une plaine immense,
aride, et couverte de petits monticules de sables
mouvants que la cavalerie surtout ne parvenait
qu'avec peine à franchir. Les chameaux eux-mêmes ne
traversent que très lentement et avec effort cette masse
de poussière. Il fallut tripler les attelages de l'artillerie
et faire pousser aux roues par les soldats.

(3) *Ramleh*, gros village connu dans l'histoire sainte,
à sept lieues de Jérusalem, peuplé en grande partie

dirigeâmes au nord dans un vallon marécageux.

Nous le côtoyâmes tout le jour et le traversâmes plusieurs fois. L'armée arriva enfin à
Ramleh, où se trouvaient plusieurs couvents de
moines européens. Il nous furent d'une grande
ressource pour les provisions. L'ennemi nous
avait abandonné dans cette ville deux mille
paires d'outres et un grand approvisionnement
de blé. Nous étions à six lieues de Jérusalem et
à trois lieues de Jaffa. Nous fîmes un séjour
de quarante-huit heures pendant lequel on
s'aperçut de la propagation de la peste (1).

Le 3 mars les divisions partirent et vinrent
dans la matinée s'établir devant Jaffa. On

de chrétiens, avait plusieurs couvents de moines. On y
trouva des magasins de biscuit abandonnés par l'ennemi.

(1) Il y eut peut-être alors quelques cas isolés, mais
c'est après la prise de Jaffa que la peste se déclara ou-
vertement. Les premiers cas furent appelés, par les mé-
decins, *fièvre à bubon*, pour ne pas effrayer les troupes.

reconnut la place et on résolut le siège. Le même jour la division Kléber partit pour couvrir nos opérations et alla camper sur la route d'Acre.

La division Reynier, qui formait l'arrière-garde, arriva à Ramleh où elle resta en seconde ligne pendant les opérations du siège.

L'ennemi, pour nous montrer ses forces en artillerie, tira un grand nombre de coups sur les corps qui prenaient position autour de la place ; ils nous lançaient des obus à une fort grande distance.

Nous pratiquâmes peu de tranchées. Nous établîmes nos communications à travers les jardins dont la ville est entourée.

Les bois d'orangers qui la remplissent couvraient nos mouvements et étaient nos uniques remparts contre le feu de l'ennemi.

On établit la batterie de brèche à soixante-dix toises de la place, et on pratiqua sur ses flancs deux places d'armes pour la couvrir.

On plaça à une plus grande distance, sur plusieurs autres points, diverses contre-batteries.

Le 5 mars, l'ennemi fit une sortie, tomba sans être aperçu dans la batterie de brèche, tua nos sentinelles, quelques travailleurs. Je m'y étais endormi et me réveillai au milieu de ce tumulte. La garde fuyait en criant aux armes et avait en partie abandonné les siennes. Nous ne parvînmes à les rallier qu'à environ cent toises de la batterie, dans un lieu où ils étaient exposés à la mitraille de la place. Nous les ramenâmes, par l'intérêt de leur propre sûreté, à la batterie d'où ils chassèrent l'ennemi. Deux compagnies de grenadiers nous rejoignirent et furent placées dans les places d'armes pour éviter une nouvelle surprise et une nouvelle déroute. Il était environ midi. Les Turcs ayant remporté dans la ville les têtes des Français qu'ils avaient tués dans la batterie, le gouverneur les paya fort cher, ce qui répandit parmi eux une nouvelle ardeur. Ils sortirent de nouveau vers une heure, nous attaquèrent de vive force par notre front, nous prirent en flanc par les jardins, et par leur nombre parvinrent une seconde fois à nous débusquer. On comprit alors qu'il fallait une garde plus nombreuse pour soutenir ce poste important, où les pièces eussent été enclouées si elles se fussent trouvées à cette époque. Nous étions en effet quatre fois plus rapprochés de l'ennemi que des postes de circonvallation et, lors de la première surprise, nous n'avions, outre les travailleurs, qu'une garde de douze grenadiers. On y mit à l'avenir quatre cents hommes, et on étendit la place d'armes sur un plus grand développement.

Le surlendemain (1), à la pointe du jour, la

(1) Il doit y avoir là erreur. Les sorties repoussées étaient du 5 mars; l'assaut eut lieu le 6, c'est-à-dire le lendemain.

place fut sommée vivement de se rendre et à cette sommation on joignit des menaces. L'ennemi ne fit point de réponse et fit sur nos postes un feu vif. A neuf heures toutes nos batteries commencèrent à la fois leur feu sur les différents points du rempart et de la ville. La batterie de brèche, composée de trois pièces de douze et d'une de huit, tira en salve sur le point de la courtine destiné à être ouvert. A une heure la brèche était praticable. On sonna la charge et on monta à l'assaut, au son de la musique des différents corps de l'armée (1). L'ennemi fut culbuté, épouvanté et se retira, après une fusillade assez vive, dans les maisons et les forts de la ville. Il se soutint dans plusieurs points et

(1) L'assaut fut donné par Lannes avec la 22e demi-brigade légère : il franchit la brèche, traversa la tour carrée et de fort en fort, de rue en rue, escalada et prit les deux forts qui défendaient le pont et la rade. La division Bon, chargée d'opérer une fausse attaque, pénétra de son côté dans la place.

continua le feu pendant environ une heure. Pendant ce temps les soldats répandus de toutes parts égorgeaient hommes, femmes, vieillards, enfants, chrétiens, Turcs ; tout ce qui avait figure humaine était victime de leur fureur (1).

Le tumulte du carnage, les portes brisées, les maisons ébranlées par le bruit du feu et des

(1) On lit dans les mémoires de Napoléon : « La fureur du soldat était à son comble, tout fut passé au fil de l'épée ; la ville ainsi au pillage éprouva toutes les horreurs d'une prise d'assaut... Ce ne fut qu'au jour que l'ordre fut complètement rétabli. » D'après les mémoires de Berthier, le général Robin, nommé commandant de la place, parvint à arrêter les désordres qui suivent ordinairement un assaut. La version des *Victoires et Conquêtes* est conforme à celle de Malus. « Peu de villes prises d'assaut ont présenté un spectacle plus hideux. Des cris sourds et lamentables se faisaient entendre incessamment dans toutes les rues, dans toutes les maisons, ils étaient poussés par ceux des habitants, échappés aux premiers massacres, qui cherchaient à défendre leurs propriétés ; par des pères ou des époux qui s'efforçaient de soustraire à la violence des soldats leurs filles et leurs femmes. »

armes, les hurlements des femmes, le père et
l'enfant culbutés l'un sur l'autre, la fille violée
sur le cadavre de sa mère, la fumée des morts
grillés par leurs vêtements, l'odeur du sang, les
gémissements des blessés, les cris des vainqueurs
se disputant les dépouilles d'une proie expirante,
des soldats furieux répondant aux cris de désespoir par des cris de rage et des coups redoublés,
enfin des hommes rassasiés de sang et d'or,
tombant de lassitude sur des tas de cadavres :
voilà le spectacle qu'offrit cette malheureuse
ville jusqu'à la nuit. Nous revînmes coucher au
camp, nous ramenâmes environ quatre mille
soldats turcs qui avaient échappé au carnage et
qui avaient déposé les armes dans les différents
forts, sur la promesse qu'on leur laisserait la
vie. On les plaça près du camp, sous une faible
garde. Ils y restèrent trois jours pendant lesquels
ils furent nourris comme nos soldats et invités
à prendre du service dans différents corps ; un

grand nombre fut inscrit..... Le quatrième jour, Bonaparte les fit tous fusiller (1).

Ce terrible événement, joint aux progrès que la peste faisait dans l'armée répandait déjà du mécontentement dans les troupes.

(1) Le nombre quatre mille paraît exagéré, mais le fait est vrai et pèse sur la mémoire de Bonaparte. On a dit pour l'excuser que la plupart des prisonniers de Jaffa étaient des soldats de la garnison de Gaza qui avaient violé leur parole, et qu'on ne pouvait ni emmener avec soi, parce qu'on n'avait le moyen ni de les garder ni de les nourrir, ni laisser libres sur parole, puisqu'ils ne se faisaient nul scrupule de violer cette parole. Mais alors il n'aurait pas fallu leur promettre la vie sauve.

IV

Séjour à Jaffa. — La peste. — Embarquement pour
Damiette. — Le Lazaret. — Établissement à Cattieh.
— Vie pastorale. — Vallée de Sebabieh. — Nomination
au grade de chef de bataillon. — Combat de Lesbeh.

Le 24 on partit pour Acre. Je fus destiné
à rester à Jaffa avec l'adjudant général Grézieux,
cent cinquante hommes de garnison, trois cents
blessés et quatre cents pestiférés (1). Aussitôt

(1) On lit dans les *Victoires et Conquêtes :* « La peste
commença, dès le lendemain même de la prise de Jaffa,
à exercer ses ravages sur l'armée. Le pillage effréné
auquel se livrèrent les soldats développa en un instant
les miasmes délétères que contenaient les vêtements
qui tentaient leur cupidité ; l'effet mortel en fut rapide.
Le malade qui en était atteint, se voyait sur-le-champ
couvert de pétéchies et de bubons. Le cri effrayant :
C'est la peste ! se répandit dans l'armée et vint frapper
de terreur les courages les plus indomptés. » La maladie commençait par des vomissements, dit de son côté
Napoléon dans ses mémoires, « la fièvre était violente, le

le départ de l'armée nous barricadâmes les portes, nous réparâmes les brèches, et nous nous occupâmes d'enterrer les cadavres dont les rues et les maisons étaient encombrées. Un grand nombre de Turcs ayant la peste depuis la prise de Jaffa, la contagion avait redoublé. La faible garnison de la place était attaquée d'une manière violente. Je fus chargé des dispositions à faire dans l'hôpital des pestiférés, qui était le couvent grec. Pendant dix jours j'y allai assidûment et passai la matinée dans l'odeur infecte de ce cloaque, dont les moindres coins étaient remplis de malades. Ce n'est que le onzième jour que je

délire très fort; des bubons sortaient aux aines et, immédiatement après, si l'éruption ne s'était pas faite facilement, le malade mourait. » L'hôpital était établi dans le couvent des Pères de la Terre Sainte. Ces pères s'enfermèrent et ne voulurent plus communiquer avec les malades. Tous les infirmiers désertèrent... La mise en marche de l'armée arrêta les progrès de la peste, mais la garnison et les habitants en souffrirent cruellement.

me sentis indisposé ; une fièvre ardente et de violents maux de tête me forcèrent de rester en repos. Une dyssenterie continue s'y joignit et peu à peu tous les symptômes de la peste se déclarèrent. Vers le même temps l'adjudant-général Grézieux mourut (1). La moitié de la garnison avait déjà été frappée ; il mourait dans la place environ trente soldats par jour. Brinquier, qui m'avait remplacé pour les constructions de l'hôpital, fut attaqué le quatrième jour et mourut en quarante-huit heures. Ce fut à cette époque que mon bubon se déclara à l'aine droite. J'avais toujours espéré jusqu'alors que ma maladie n'était point de même nature que la contagion générale ; le nombre de jours que j'avais vécu

(1) L'adjudant-général Grezieu, sous-chef de l'état-major général de l'armée. Il s'effraya tellement de la peste qu'il alla s'enfermer dans une maison d'où il ne voulut communiquer avec l'extérieur que par un guichet. Il mourut le lendemain, et sa mort eut pour effet de communiquer aux soldats français le fatalisme des Turcs.

depuis la première attaque semblait l'indiquer, mais dès que le bubon parut et que les maux de cœur redoublèrent, je ne pus plus me flatter d'aucun doute et je pris mon parti. J'envoyai alors à Franceschi, qui était près du général Damas blessé, les objets que je voulais laisser après moi. Franceschi est le seul qui ne m'ait pas abandonné et qui pour me tranquilliser ait toujours continué à s'approcher de moi. Le jour de son départ il m'embrassa, quoiqu'il n'y eût plus de doute alors que je fusse un véritable pestiféré..... il réchappait un homme sur douze. Saint-Simon arrivant d'Égypte vint me voir, il était en parfaite santé : le surlendemain il était mort.

Le siège d'Acre traînait alors en longueur, les malades refluaient sur Jaffa et nourrissaient le dépôt des mourants. Du reste la peste était dans toutes les maisons de la ville où il se trouvait encore des habitants. Les réfugiés de

Ramléh qui étaient venus à Jaffa se mettre sous notre protection, en périrent presque tous. Le couvent des capucins qui s'était mis en quarantaine ne put éviter la contagion, la plupart des prêtres moururent. Toutes les familles franques périrent, hormis deux hommes et une femme.

Le général Damas partit le 19 germinal (8 avril) pour l'Égypte avec Franceschi. Il monta *la Fortune*, petit aviso qui fut pris par la suite (1). Je ne connaissais plus personne parmi les individus qui restaient à Jaffa. J'avais perdu successivement mes amis, mes connaissances et mes domestiques; il ne me restait plus que mon domestique français qui dans le cours de ma maladie m'avait toujours soigné avec

(1) La plupart des bâtiments employés à l'évacuation des malades et des blessés de Jaffa à Damiette, furent capturés par les Anglais qui s'empressèrent de déposer à terre les malades atteints de la peste.

zèle ; le 24 germinal (13 avril), il mourut près de moi. J'étais seul, sans forces, sans secours, sans amis. J'étais tellement épuisé par la dyssenterie et les suppurations continuelles, que ma tête était extraordinairement affaiblie ; la fièvre, qui redoublait la nuit, me donnait souvent le transport et m'agitait cruellement. Deux sapeurs qui entreprirent de me soigner périrent l'un après l'autre.

Enfin le 2 floréal (21 avril), je fus embarqué sur l'*Étoile* qui partait pour l'Égypte et dont le capitaine avait la peste. Il mourut le jour de notre arrivée à Damiette. L'air de la mer fit sur moi un effet subit ; il me semblait que je sortais d'une suffocation. Dès le premier jour je sentis presque le désir de manger ; j'étais néanmoins fort faible et, un matin qu'on m'annonça que nous étions poursuivis par plusieurs bâtiments de guerre turcs, cela ne me fit pas la moindre impression. Nous leur échappâmes pendant le calme, à force de rames. Les vents contraires nous tinrent plusieurs jours en pleine mer. Ce retard produisit sur ma santé une amélioration très marquée. Mes forces se relevaient, la croûte de mon bubon tomba, l'appétit me vint.

Le 7 floréal (26 avril) nous vînmes mouiller devant le *boghaz* de Damiette. Le 27 avril nous entrâmes dans le Nil. Nous faillîmes échouer en passant la barre. Le bâtiment fut mis en quarantaine. Le 29 avril je fus débarqué et conduit au lazaret de Lesbeh (1), où étaient entassés les pestiférés de Damiette et ceux arrivés de Syrie. On mit aussi avec moi plusieurs passagers qui n'avaient aucun symptôme de maladie, qui la gagnèrent par la suite dans le lazaret et périrent jusqu'au dernier. Ces diverses

(1) *Lesbeh*, village situé dans l'endroit le plus resserré de la langue de terre qui sépare le Nil du lac Menzaleh, on y avait construit un fort pour garder le boghaz (l'embouchure) de Damiette.

morts retardaient le moment de mon élargisse-
ment. Il était rare qu'on sortît de cette infer-
nale prison quand on avait eu le malheur d'y
entrer. A peine daignait-on secourir les malheureux qui venaient y passer leurs dernières
heures. J'en entendais souvent mourir de rage,
en demandant de l'eau à des sourds qui feignaient
de ne pas les entendre ou qui répondaient : *Ce
n'est pas la peine.* Les fossoyeurs avides dépouil-
laient les moribonds avant qu'ils n'eussent
rendu le dernier soupir. Ces agents barbares de
la commission sanitaire étaient les seuls méde-
cins, les seuls gardes qu'on accordât aux malades. A peine leur victime cessait-elle de remuer,
qu'ils la transportaient sur l'autre rive, où ils
l'abandonnaient aux chiens et aux oiseaux de
proie. Souvent ils la recouvraient d'un peu de
sable, mais le vent avait bientôt découvert les
cadavres et cette voirie présentait le spectacle
hideux d'un champ de bataille. Une malheureuse

femme que je soignai, parce qu'elle était absolument abandonnée, me priait, la veille de sa
mort, de donner une piastre aux fossoyeurs pour
lui éviter d'être la proie des chiens. J'ai exécuté
ses désirs et l'ai fait enterrer dans un santon, au
bout de la plaine des morts.

Il y avait déjà trente jours que j'étais dans
cet abominable séjour, lorsque Cazals (1) obtint
pour moi que je fusse mis en quarantaine
dans un logement séparé. Ma solitude me
parut délicieuse, parce que je quittais pour
elle la société des mourants. J'achevai de m'y
rétablir et, le (2)   , je reçus définitivement
ma liberté, qui suivit le sacrifice de tous mes
effets.

Quelque temps après je reçus l'ordre de me

(1) Probablement celui qui commanda plus tard le
fort d'El-Arisch lors de la surprise de ce fort par les
Turcs.
(2) Date laissée en blanc.

rendre à Cathieh (1), pour relever Michaux. Je partis le 20 messidor (4 juillet) (2) de Damiette. Je traversai le lac en deux jours, j'arrivai à Tineh, de là à Cathieh où je m'établis.

Le général Leclerc (3) commandait alors ce poste avancé. C'est un établissement au milieu de désert, près duquel je trouvai quelques puits d'eau presque douce, et des palmiers au nombre de trois à quatre mille. Il est sur la route de la Syrie. Nous n'y avions pour maisons que des huttes dont les murs et les toits étaient des palmes entrelacées. Nous étions logés comme

(1) *Cattieh*, village situé à l'entrée du désert, sur le chemin de Damiette à El-Arisch.

(2) Le corps expéditionnaire de Syrie était rentré en Égypte depuis le 5 juin, jour où l'avant-garde commandée par l'adjudant général Boyer était arrivé à Salehieh.

(3) Le général Leclerc d'Ostein, ancien colonel du 10e régiment de chasseurs à cheval, un des plus braves soldats qu'ait eu la France. Nommé général de brigade en 1796, pendant la campagne d'Italie, mort au Caire en 1801.

des Arabes. J'avais près de ma cabane une
petite enceinte renfermant mes chevaux, mes
chameaux, mes ânes; une volière remplie de
poules, d'oies, de canards; une cage pour mes
deux moutons, une autre pour mon sanglier;
des niches pour mes pigeons. Ma chèvre jouissait
de sa liberté. C'est en partie dans cette société
que je passai trois mois (1) qui n'ont pas été
les plus désagréables de mon séjour en Égypte.
Une tranquillité parfaite, des jouissances paisi-
bles, l'attente d'un ennemi que nous comptions
vaincre, nous dédommageaient des incommodi-
tés de la ville. Il régnait à Cathieh beaucoup de
gaieté. Il se formait des réunions fréquentes.
Dans un désert et dans un avant-poste les hommes se rapprochent plus facilement que dans
les villes, où l'éloignement et les bienséances
forment une gêne nécessaire.

(1) Du 10 juillet à la fin de septembre 1799.

Bataille d'Aboukir (1), *attente de l'armée du vizir.*

Nous allions quelquefois à Tineh, faire des parties de pêche, nous faisions de fréquentes courses dans le désert, nous visitions les tribus arabes, nos alliées. Il nous venait de Damiette des fruits, des légumes et toutes sortes de provisions. Nous sentions le prix de l'abondance, étant environnés des sables stériles de l'isthme. Enfin, au milieu de nos cabanes et des commodités que nous savions y réunir, nous jouissions de toutes les dissipations d'une vie champêtre et de tous les plaisirs des camps.

Le 15 fructidor (2 septembre) le général Leclerc fut relevé par l'adjudant général Martinet.

(1) 18 juillet 1799. Victoire complète remportée par Bonaparte sur l'armée du capitan-pacha, qui fut presque entièrement détruite par la cavalerie de Murat et l'infanterie de Lannes. Sur 12.000 Turcs débarqués, 200 furent faits prisonniers, 5.000 environ occupaient le fort d'Aboukir, le reste avait été, tué ou noyé.

C'était un homme gai, franc, et jouissant d'une réputation militaire distinguée. Quelques jours après son arrivée, je partis de Cathieh avec un détachement de dromadaires pour reconnaître l'intérieur de l'isthme. Je me dirigeai au S.-S.-O., perpendiculairement à la route de Syrie. Je reconnus plusieurs traces récentes de dromadaires et de chevaux qui me prouvèrent que les Arabes avaient des communications fréquentes avec l'armée ennemie. A quatre lieues de Cathieh, je découvris la route principale par laquelle se faisait le commerce clandestin de l'Égypte et de la Syrie. Elle était parallèle à celle de Cathieh à El-Arisch. On voyait, à des traces nombreuses, qu'elle était fréquentée par des caravanes considérables. J'en aperçus une précisément au moment où j'arrivais; je l'attaquai, mais je ne pus m'emparer que de quelques chameaux, parce que les Arabes se dispersèrent de tous côtés et que j'avais fort peu de monde pour les poursuivre. Je continuai ma route dans la direction de Suez jusqu'à une haute montagne d'où l'on découvre la vallée de la mer Rouge. Alors, n'ayant plus d'eau, ne trouvant aucun puits et ne rencontrant que des sables mouvants dans lesquels il fallait presque nager, je retournai à Cathieh.

Départ de Bonaparte pour l'Europe (1).

La route que j'avais reconnue se dirigeait vers la vallée de Sebabiah (2). C'est sur ce chemin qu'on a fait depuis des prises considérables aux Arabes. L'armée du vizir en Syrie se nourrissait par ce débouché avec les grains de l'Égypte.

(1) Bonaparte s'embarqua pour la France, le 22 août 1799, emmenant avec lui les généraux Berthier, Andreassy, Lannes, Murat et Marmont, les savants et écrivains Monge, Berthollet, Denon et Parseval-Grandmaison.

(2) Sebabieh, oasis où le général Lagrange avait détruit un camp de Mamelucks au mois de juin.

Le 10 ventôse, vive canonnade à Tineh, attaque de l'ennemi manquée.

Le (1)   , Morlet vint me relever et je quittai ce poste à regret. Je me rappelle toujours avec plaisir le temps que j'ai passé à Cathich. J'y ai joui d'une tranquillité d'esprit parfaite. La vie simple que j'y menais et les petites distractions de mon ménage ont toujours éloigné l'ennui de ma cabane. Les lettres que j'écrivis en ce temps à mes amis se ressentent de la disposition d'âme où je me trouvais alors. J'en ai revu qui m'ont quelquefois fait regretter ce séjour.

En partant de Cathieh, je me rendis à Damiette et de là au Caire. Je remontai le Nil en six jours. A mon arrivée, je reçus de Kléber mon brevet de chef de bataillon, daté du 3 complémentaire an VII (18 septembre). Quelques

(1) Date laissée en blanc.

jours après, ayant appris qu'il se formait devant Damiette un rassemblement considérable de bâtiments ennemis, et sachant que j'étais destiné à cette place, je me hâtai de m'y rendre. Je m'embarquai à Boulaq, le (1)   .

Le (2)   , étant sur le Nil, je fus réveillé vers minuit par une fusillade fort vive. Je crus que les barques qui me précédaient étaient attaquées. Je fis force de voiles pour les joindre. Arrivé au lieu où se faisait le feu, je reconnus que c'était deux villages qui se faisaient la guerre. Cependant, comme les balles passaient autour de nous, je leur enjoignis de suspendre leur querelle jusqu'à ce que nous fussions passés, ce à quoi ils obéirent en partie. A peine fûmes-nous à quelque distance d'eux que les femmes commencèrent à pousser des hululements affreux. Le feu redoubla et un des villages fut

(1) Date laissée en blanc.
(2) Date laissée en blanc.

en grande partie pillé. Le sujet de cette querelle était le vol de quelques chèvres.

J'arrivai le 8 brumaire (30 octobre) à Damiette, je me rendis le soir même à Lesbeh. Le camp était placé en avant de ce fort, à trois cents toises du rivage. L'ennemi avait déja établi une batterie dans la mosquée qui sert de phare et battait de là notre redoute avancée. Il joignait à ce feu celui des canonnières. Le lendemain 9 (31 octobre) je visitai les postes avec le général Verdier (1). Le 10 (1er novembre), j'étais de tranchée et me rendis de honne heure à la redoute. L'ennemi avait fait beaucoup de bruit pendant la nuit. A six heures, toutes les em-

(1) *Verdier*. Un des meilleurs divisionnaires de la grande armée. Né à Toulon en 1767, engagé en 1783, aide de camp d'Augereau à l'armée des Pyrénées-Orientales, nommé adjudant général chef de brigade après la bataille de la Montagne-Noire où, à la tête d'un bataillon, il avait enlevé le camp retranché de Lices défendu par 4.000 Espagnols et 80 bouches à feu. Géné-

barcations chargées de soldats approchèrent
du rivage, à sept heures ils étaient débarqués
à trois cents toises de la redoute, entre le lac
Menzalch et la mer, et commençaient à se retrancher. Ils étaient au moins deux mille et
poussaient des hurlements de guerre. Je n'eus
pas le temps d'aller au camp chercher mon cheval, les troupes étaient déjà en marche, je me
joignis à elles et vins à l'affaire à pied.

Nous marchâmes droit à l'ennemi. Nous tra-
versions un terrain fort uni et entièrement ex-

ral de brigade sur le champ de bataille de Castiglione.
Commanda les grenadiers réunis au siège de Saint-
Jean-d'Acre, s'illustra par le combat de Lesbeh raconté
ci-après. Général de division le 25 août 1800, rentré
ensuite en France. Fit la guerre en 1806 dans les Cala-
bres, se distingua en 1807 à Friedland, et en 1808, au
premier siège de Saragosse où il fut blessé grièvement.
Blessé de nouveau et dangereusement à la bataille de
Polosk, en Russie, le 17 août 1812. Commanda, en 1813
et 1814, le second corps de l'armée d'Italie, sous le
prince Eugène. Retraité en 1815.

posé au feu des chaloupes-canonnières, qui nous portèrent plusieurs coups fort meurtriers. Un seul entre autres enleva toute une file d'un peloton de la 32ᵉ. Ces considérations firent qu'on ne s'arrêta pas pour former de nouveau les troupes en bataille. La marche précipitée avait un peu troublé les rangs, les premiers pelotons de la 32ᵉ arrivèrent en désordre, leur feu fit très peu de mal à l'ennemi, qui riposta de sa tranchée et en sortit le sabre à la main. Il tomba sur notre première ligne qui, ayant à elle seule à supporter le choc, recula environ cinquante pas avec beaucoup de précipitation. Un bataillon qui n'avait pas donné l'arrêta, la mêlée commença pendant cette action. La deuxième demi-brigade d'infanterie légère tournait l'ennemi sur sa gauche et se disposait à l'attaquer. Elle tomba sur lui en même temps que la cavalerie, qui profita du faux mouvement de la 32ᵉ pour entamer le flanc de l'ennemi qui s'était étendu (1). Les Osmanlis furent culbutés de toutes parts, ils se jetèrent en désordre dans la mer, qui en un moment fut couverte de turbans. Les bâtiments ennemis commencèrent alors à tirer indistinctement sur la mêlée. Les Turcs vinrent se jeter sans armes dans nos rangs, et furent reçus prisonniers au nombre de 800. Le reste avait été noyé ou tué dans l'action. Les troupes et les prisonniers de guerre se retirèrent promptement pour se dérober au feu de la mer, qui augmentait par la nouvelle direction des chaloupes canonnières. Je restai sur le champ de bataille, avec une compagnie de chasseurs, pour détruire les tranchées que l'ennemi avait pratiquées. On continua à faire sur nous un feu de mitraille qui dura jusqu'à ce que nous eussions terminé notre ouvrage. Le soir, les Turcs cessèrent absolument leur feu.

(1) Le chef de brigade de la 2e légère Desnoyers fut blessé mortellement dans cette affaire.

Il y avait à cette affaire environ mille Français et deux mille Turcs. L'action dura un quart d'heure. Nous y perdîmes près de cent hommes. L'ennemi eut environ douze cents morts et laissa huit cents prisonniers (1).

Nous y commîmes une faute fort grave ; aucune troupe n'était restée en réserve et cela faillit nous devenir funeste, d'autant que le fort de Lesbeh, notre seul point d'appui, était tout ouvert sur une de ses faces dont le mur était à peine commencé.

(1) D'après les mémoires de Berthier et les auteurs des *Victoires et Conquêtes*, le nombre des Turcs débarqués le 1er novembre sur la côte de Damiette par la flotte anglaise et turque de sir Sidney Smith aurait été de 7.000, tous soldats d'élite. Verdier n'en avait que 1.000, il marcha sur l'ennemi sans hésiter, le culbuta après un engagement à la baïonnette, tua ou blessa plus de 2.000 hommes, fit 800 prisonniers, prit 32 drapeaux et 5 pièces dont un canon de 24. Les Français, d'après les mêmes récits, auraient perdu seulement une trentaine de tués et 80 blessés.

V

Prise du fort d'El-Arisch. — Convention d'El-Arisch. —
Évacuation de l'Égypte. — Rupture de cette conven-
tion.—Proclamation de Kléber.—Bataille d'Héliopolis.
— Poursuite de l'armée turque.— Combat de Koraïm.

Le 20 brumaire (11 novembre).

Le 24 (15 novembre), révolte de la deuxième
demi-brigade, qui avait ordre de se rendre à
Cathieh. On annonce la marche du vizir. Révolte à Alexandrie, au sujet du défaut de solde.
— Apaisée (1).

(1) Le départ de Bonaparte, les propos tenus par
divers personnages mécontents de ce départ et notamment par l'administrateur Poussielgue, les discours
même de Kléber promettant une paix prochaine et
l'évacuation de l'Égypte avaient semé dans l'armée des
germes de désorganisation. D'autre part, l'état des
finances n'était rien moins que florissant, et la lettre
écrite par Kléber au Directoire, le 18 septembre 1799,
accusait un arriéré de solde de quatre mois.

10 frimaire (1er décembre), on annonce de nouveau la marche des Turcs sur l'Égypte.

Le 20 frimaire (11 décembre), je reçois le commandement de la place de Lesbeh.

Le 27 frimaire (18 décembre), le général Desaix arrive pour parlementer avec les Anglais (1).

29 (20 décembre), arrivée d'une corvette anglaise.

On lit dans les *Victoires et Conquêtes* : « La deuxième demi-brigade demanda impérieusement le paiement de l'arriéré de sa solde. Les soldats se révoltèrent et menacèrent le digne général Verdier d'en venir aux dernières extrémités s'il refusait de satisfaire à leur demande. Kléber licencia la demi-brigade, les principaux auteurs du soulèvement furent condamnés à mort et fusillés; Kléber rétablit ensuite la deuxième légère. »

(1) Sous l'influence des mécontents. Kléber s'était épris avec passion de l'idée d'abandonner l'Égypte; après avoir échangé plusieurs lettres avec le grand vizir et sir Sidney Smith, il chargea le général Desaix de négocier une convention à laquelle ce général était complètement opposé en principe, et il lui adjoignit, pour cette mission, l'administrateur Poussielgue.

30 (21 décembre), arrivée du *Tigre* portant le commodore Smith.

2 nivôse (23 décembre), départ du général Desaix à bord du *Tigre*.

4 (25 décembre), départ du *Tigre*, annonce de la trève.

15 (5 janvier 1800), on annonce la prise de El-Arisch par les Turcs (1).

17 (7 janvier), arrivée du chef de brigade Beaudot (2) pour joindre le général Desaix.

22 (12 janvier), la peste se déclare à Lesbeh, nous sommes parvenus avec beaucoup de soin

(1) Le coup de main tenté par l'armée turque sur le fort d'El-Arisch, eut lieu pendant les négociations. Il réussit, grâce aux menées de l'état-major anglais qui avait des intelligences dans la garnison. Des postes avancés, qui auraient dû être défendus, furent livrés aux Turcs; ceux-ci se répandirent dans le fort et massacrèrent les défenseurs.

(2) Aide de camp de Kléber, nommé plus tard général de brigade et tué à la bataille de Canope, le 21 mars 1801.

à en arrêter la propagation. Elle s'y était déclarée à la fois en six endroits différents, ce qui prouve assez qu'elle est endémique. Elle a continué jusqu'à notre départ à faire quelques ravages.

Le 8 pluviôse (28 janvier), nous apprîmes la convention d'El-Arisch, en vertu de laquelle l'armée française évacue l'Égypte (1).

(1) La convention d'El-Arisch fut signée par Desaix et Poussielgue en vertu des ordres formels de Kléber, qui leur prescrivait de traiter au besoin de l'évacuation pure et simple de l'Égypte, où il ne croyait pas pouvoir tenir devant les hordes ottomanes. Il fit toutefois approuver cette convention par un conseil de généraux qu'il réunit à Salahieh et dont plusieurs membres, après une opposition inutile, finirent par adhérer à un acte qu'ils blâmaient énergiquement. La convention fut signée par les délégués le 24 janvier et ratifiée par Kléber le 28. L'armée française devait se retirer avec armes et bagages sur Alexandrie, Rosette et Aboukir, pour y être embarquée sur ses bâtiments et sur ceux que fournirait le gouvernement de la Sublime Porte. En attendant l'embarquement, il y avait un armistice de trois mois. Les places

Le 29 janvier, nous évacuons Lesbeh (1) ; j'en remets les clefs à Selim, aga des janissaires.

Le 30 et jours suivants, nous sommes en marche pour Menouf (2). Nous suivons la rive gauche du Nil.

Le 8 ventôse (27 février), nous arrivons à Menouf. Je reste avec Deponthon et Morlet près du général Rampon (3).

Le 22 ventôse (13 mars), nous apprenons la suspension de l'évacuation (4).

de Cathieh et de Salahieh devaient être évacuées dans un délai de huit jours, celle de Damiette dans un délai de vingt jours, le Caire dans quarante jours.

(1) Le fort de Lesbeh, considéré comme faisant partie de la place de Damiette, fut évacué dans le délai de vingt jours.

(2) *Menouf*, chef-lieu de province à 55 kilomètres du Caire, sur la branche occidentale du Nil.

(3) Rampon, ancien chef de brigade de la 32ᵉ, illustré par la défense de la redoute de Montelegino. Né en 1759, fait général de division après la bataille du Mont-Thabor. Sénateur sous l'Empire, mort en 1842.

(4) L'ordre de suspendre l'évacuation avait été donné par Kléber sur le reçu d'une lettre de sir Sidney Smith

Le 23, je pars pour le Caire ; j'arrive le 25. On négociait à Sibillhallem (1).

Le 27 (18 mars), arrivée de la division de la haute Égypte (2).

Le 28 (19 mars), on rapporte que l'ennemi a renforcé son camp de Matarieh (3), que son infanterie s'y réunit, qu'il se fortifie, que son artillerie est arrivée ; que la cavalerie est à peu de distance.

lui annonçant que, d'après les ordres du gouvernement britannique, le commandant en chef de la flotte anglaise dans la Méditerranée s'opposait à l'exécution immédiate du traité d'El-Arisch. L'avant-garde turque, commandée par Nassif Pacha, était alors à El-Khanka, à quatre lieues du Caire.

(1) Sibilly-Halem mosquée occupée par les avant-postes turcs. Kléber avait envoyé la lettre de sir Sidney Smith au grand vizir et lui signifiait en même temps de suspendre la marche sur le Caire. Yussuf Pacha, pour toute réponse, se porta en avant et vint occuper El-Khanka avec le gros de l'armée.

(2) Cette division était commandée par le général Friant qui avait remplacé Desaix.

(3) *Matarieh*, à deux lieues du Caire.

A deux heures après midi, proclamation du général Kléber à l'armée en annonçant la lettre de lord Keith. Cette lettre portait que nous devions mettre bas les armes. Le général annonce à l'armée qu'elle va y répondre par de nouvelles victoires. Rupture (1).

Les troupes étaient déjà campées en avant du Caire. La division Reynier appuyait sa droite au fort Camin et sa gauche à Boulacq. La division

(1) La proclamation de Kléber, vrai réveil du lion rappelé à lui-même par les procédés injurieux de l'Angleterre, est restée justement célèbre. La lettre de lord Keith datée de Minorque, le 8 janvier 1800, et remise à Kléber par les avant-postes turcs campés dans les plaines d'El Koubbeh, à portée de pistolet de ceux des Français, portait en substance qu'il ne permettrait à aucune troupe de retourner en France qu'elle ne fût échangée, et que tous les Français rencontrés retournant en Europe seraient retenus comme prise et considérés comme prisonniers. Kléber fit imprimer cette lettre en y ajoutant pour post-scriptum : Soldats ! on ne répond à une telle insolence que par des victoires. Préparez-vous à combattre !

Friant (1) couvrait la droite de la ville, du côté de la citadelle. La cavalerie occupait le centre. L'armée était forte d'environ onze mille hommes.

Le 28 au 29 (dans la nuit du 19 au 20 mars), à onze heures du soir, on commence à ployer les tentes en silence. On renvoie dans les forts les femmes et les bagages. A minuit, on prend les armes sans battre la caisse, on se forme en colonne par pelotons. A une heure, on se dirige sur les hauteurs de La Coubée (2).

(1) Friant, né en 1758, soldat puis sergent aux gardes françaises, chef d'un bataillon de volontaires de la Seine en 1793, général de brigade en 1794, général de division en 1799, s'illustra dans la haute Égypte, puis à Héliopolis et à Alexandrie. Il fut un des trois divisionnaires du 3e corps d'armée à Austerlitz, Auerstaedt, Eylau, Eckmuhl et Wagram; commandant des grenadiers de la garde impériale à Hanau, à Champaubert, à Ligny et à Waterloo. Type de l'honneur militaire, modèle accompli du général d'infanterie.

(2) El Koubbeh, faubourg du Caire, la plaine d'El Koubbeh hétait le commencement du désert qui s'étend jusqu'à Suez.

La lune qui se lève éclaire la marche silencieuse des troupes. A deux heures, l'armée est réunie et se range en bataille. Chacune des deux divisions forme deux carrés sur trois hommes de profondeur. Au centre des carrés se placent les munitions de guerre portées à dos de chameau. Chaque angle est couvert par des détachements de grenadiers destinés à former les colonnes d'attaque. La cavalerie se place au centre des deux divisions, la cavalerie légère en première ligne, les dragons en seconde. L'artillerie, au nombre de cinquante pièces, est disposée aux angles des carrés, au front de la ligne, sur les flancs latéraux et à l'arrière-flanc. Les compagnies de dromadaires couvrent les ailes de la cavalerie et un corps d'infanterie soutient ses derrières.

A quatre heures du matin, l'armée s'ébranle et marche en silence au camp de l'ennemi, qui était à une distance de deux lieues. A la pointe

du jour, nous rencontrâmes son poste avancé à
Sibillhallem (1), on lui tire deux coups de canon ;
il se replie précipitamment et court annoncer
notre approche au camp du vizir. Au premier
coup, il s'éleva d'un bout à l'autre de la ligne
un bourdonnement semblable à celui d'un public
nombreux qui voit commencer un spectacle qu'il
attendait avec impatience. L'armée continue sa
marche en suivant la limite du désert. A six
heures, on aperçoit sur l'horizon les mouvements
d'une nombreuse cavalerie. Quelques tirailleurs
ennemis voltigent sur notre front. A sept heures,
nous arrivons à la vue de Matarieh. On découvre autour du village un grand nombre de
tentes encore tendues et une foule d'Osmanlis
circulant dans le camp.

La cavalerie turque commence à se déployer,
on la canonne vivement. L'armée fait un moment
de halte. A huit heures, la division Reynier,

(1) Sibilly-Hallem.

accompagnée d'un détachement de cavalerie, quitte le corps d'armée et se dirige directement sur le camp ennemi. La division Friant continue sa marche dans le désert, laissant Matarieh à cinq cents toises sur sa gauche. Parvenue à la hauteur de l'extrémité du village, elle s'arrête de nouveau et continue un feu vif d'artillerie sur la cavalerie ennemie qui commence à l'entourer. Les Mameloucks filent sur la droite dans le désert et marchent vers le Caire. Un grand nombre d'Osmanlis, cavaliers et fantassins, tournent la gauche du général Reynier et se dirigent vers la ville. Le général Lagrange (1), qui

(1) Lagrange né en 1763, à Saint-Pessère (Gers), nommé général de brigade sur le champ de bataille de Chebreiss, se distingua au siège d'El-Arisch, fut nommé général de division et chef d'état-major général de l'armée d'Orient, par Menou, dont il se montra le partisan déclaré. Inspecteur général de gendarmerie en 1806, ministre de la guerre du royaume de Westphalie, se couvrit de gloire pendant la campagne de France, mort en 1836.

commandait le carré de gauche de la division
Reynier, pousse sur les retranchements de l'ennemi la colonne d'attaque. Les Turcs démas-
quent leurs pièces et tirent plusieurs coups de
canon à mitraille. Nassif Pacha demanda à parlementer. Beaudot est envoyé à cet effet et l'ordre
de cesser le feu donné à la gauche. L'attaque,
était trop avancée pour être suspendue ; elle est
continuée; l'ennemi, après la première décharge,
sort de sa tranchée, le sabre à la main, et tombe
sur nos grenadiers.

Beaudot est retenu par le Pacha (1). Le combat s'engage de nouveau à la droite.

Les pièces des Turcs, au nombre de seize, sont

(1) Le chef de brigade Beaudot, aide de camp de Kléber, fut retenu par Nassif Pacha et traité de la façon la
plus indigne : assailli par les Turcs, il fut accablé d'ou-
trages et blessé au bras et à la tête. Deux Mamelucks
parvinrent à le sauver en l'attachant à la queue du
cheval de l'un d'eux, et le conduisirent au vizir qui le
retint comme otage.

enlevées par la division Reynier. Leur infanterie est culbutée dans le camp et débusquée
du village. Elle se disperse dans la plaine en
gagnant la gauche, la droite étant sous le feu
de la division Friant. Celle-ci se met en marche
pour leur couper la retraite, mais il était déjà
trop tard.

La division Reynier, que le village séparait en
deux parties, se rallie sur les ruines d'Héliopolis.

Les Osmanlis chassés de Matarieh et dispersés
dans la campagne détachent, sur le Caire, une
bande de cinq à six mille hommes.

L'armée se remet en marche, disposée en
échiquier, le premier carré de droite devançant
le second, le second devançant la cavalerie, la
cavalerie devançant le premier carré de gauche
et enfin celui-ci devançant le dernier. Cette disposition était la plus favorable pour nourrir le
feu. Toutes les parties du front et de l'arrière-
flanc se flanquaient mutuellement, de manière

que toutes les faces pouvaient faire feu à la fois.

La cavalerie ennemie accourt en pelotons nombreux. Elle nous entoure et couvre tout notre horizon. Les Osmanlis poussent des cris de guerre, voltigent avec rapidité autour de nous et tiraillent de fort loin. L'armée s'avance au pas et entraîne dans sa marche cette foule de cavaliers. Nous avions laissé sur notre droite le bois d'El Marque (1) que l'ennemi occupait. Vers midi, leur armée étant apparemment réunie, ils tentent plusieurs attaques générales. Il se forme des pelotons nombreux qui s'élancent rapidement sur nous. Mais à peine sont-ils parvenus à portée de notre mitraille, qu'ils se dispersent comme des flots à droite et à gauche de notre front.

Ces diverses manœuvres durèrent une partie

(1) El Merg près du village de ce nom. Le grand vizir s'était placé derrière ce bois.

de la journée; nous fîmes plusieurs haltes.
L'ennemi tirait sur nous de temps à autre quelques pièces qu'il avait attelées et qu'il emmenait
avec lui.

Dans les diverses charges de leur cavalerie,
nous n'eûmes qu'une seule fois l'occasion de faire
une décharge de mousqueterie. Nous usâmes
plus de la moitié de nos munitions d'artillerie ;
nous tirâmes dans la journée environ cinq mille
coups de canon. L'ennemi était au nombre de
plus de 80,000, dont 25,000 de cavalerie.

A trois heures de l'après-midi l'ennemi avait
totalement disparu, et notre horizon, si agité une
heure avant, était absolument désert (1).

(1) Il n'y a rien à ajouter à ce récit de la victoire
d'Héliopolis, une des plus glorieuses que les armées françaises aient jamais remportées. L'armée de Kléber, trop
peu nombreuse, ne peut empêcher une forte colonne
d'infanterie et de cavalerie de se diriger sur le Caire
pour fermer à l'armée française le retour sur cette
ville.

Nous allâmes camper en avant d'El Khanka ; on donna au camp une grande étendue, nos feux se prolongeaient sur une ligne d'une demi-lieue. Nous entendîmes toute la soirée le canon de la citadelle du Caire, ce qui nous fit présumer que le détachement de l'armée ottomane que nous avions vu s'y rendre y était entré et que la ville était révoltée.

Le lendemain 30 (21 mars), à deux heures du matin, l'armée se met en marche pour Belbeis, où nous comptions trouver l'armée turque réunie. Je pars avec la division Friant. Après une heure de marche, je m'aperçus que la division s'égarait dans le désert; comme la nuit était fort obscure, on avait perdu les traces ordinaires. J'en rendis compte au général qui m'écouta un moment, mais d'autres personnes exposèrent leurs raisons avec tant d'assurance qu'on continua la marche. Une heure et demie après, nous nous dirigions précisément vers le lieu

d'où nous étions partis, ce dont je m'aperçus
à la position de l'étoile polaire que nous lais-
sions derrière nous. Cette fois, on m'écouta et
je ramenai la division dans la vraie route. Cet
égarement nous causa néanmoins beaucoup de
retard et les autres divisions furent obligées
de nous attendre à une lieue de Belbeis; on
voulait arriver ensemble, supposant naturellement que l'ennemi avait l'intention de nous dis-
puter ce poste.

Vers une heure après midi, nous nous pré-
sentâmes devant la place. Dès que nous fûmes
à portée de canon, le fort fit feu sur nous. Deux
pièces placées en avant de la ville tirèrent aussi
sur nous dès que nous fûmes à portée de leur
feu. Ces dernières nous firent présumer que l'ennemi avait embusqué son infanterie dans la ville
et voulait nous forcer à faire un siège en règle,
tandis que sa cavalerie tiendrait la plaine et
intercepterait tous nos convois. Il paraît que la

terreur qui les prit les empêcha de sentir l'avantage de cette position. Ils y avaient seulement laissé huit cents hommes, qui nous abandonnèrent la ville dès que nous l'attaquâmes, et se réfugièrent dans le fort d'où ils continuèrent leur feu.

Il est à remarquer que, dans ce fort, il n'y avait ni eau ni moyen de s'en procurer, parce qu'ils avaient comblé la citerne de cadavres.

Ils passèrent la nuit à pousser des hurlements et à appeler le vizir à leur secours. Ils refusaient de se rendre, prétendant que ce fort leur avait été confié comme étant les plus braves (1).

Le 1ᵉʳ germinal (22 mars), dans la matinée, on se préparait à les battre en brèche, quoiqu'ils fussent sur le point de mourir de soif. Ils capitulèrent et obtinrent les honneurs de la

(1) La garnison du fort de Belbeis était forte de 800 hommes; 300 avaient péri pendant l'attaque.

guerre. Ils nous laissèrent les parapets bordés de pavillons comme un vaisseau pavoisé (1). Au moment où le fort fut rendu, la division Reynier se mit en marche. Je partis avec elle pour Koraïn (2), sur les traces des Osmanlis. Le général Friant retourna au Caire avec la moitié de sa division ; l'autre moitié commandée par le général Belliard resta à Belbeis avec le général Kléber et ne partit que le soir pour nous suivre.

Quand nous fûmes à deux lieues de Koraïn, un Arabe monté sur un dromadaire et portant un drapeau blanc vint à notre rencontre. Il était chargé d'un billet de Beaudot et de nouvelles propositions du vizir.

On l'envoya au général Kléber. Nous campâmes

(1) Pendant qu'on désarmait les défenseurs de Belbeis, un fanatique tira à bout portant un coup de fusil sur le colonel Latour-Maubourg et fort heureusement le manqua.

(2) Korain, sur la route de Salahieh.

quelques moments après. Vers dix heures du soir, le général Kléber, qui était campé à une lieue et demie en arrière de nous, envoya dire au général Reynier qu'il le rejoindrait le lendemain matin de bonne heure.

Le **2** germinal (23 mars), trois heures avant le jour, le général Reynier part avec sa division et la cavalerie, quoique le général Kléber ne fût pas arrivé. Nous nous égarons dans l'obscurité de la nuit. Nous nous jetons dans l'intérieur du désert et nous nous trouvons dans une petite île de terre cultivable, dont les larges crevasses interrompent notre marche. A la pointe du jour, nous reprenons la vraie route ; les troupes étaient déjà extrêmement fatiguées des difficultés de la marche, et nous n'avions, depuis notre départ, presque rien gagné sur le chemin que nous avions à faire. Les feux du camp étaient à six cents toises de nous.

Nous nous dirigeons sur la montagne de sable

qui borde le bois de Koraïn. A huit heures du matin, la division se forme en carrés, la cavalerie conservant ses manœuvres indépendantes de la division. Quelques moments après, nos chasseurs nous annoncent trois colonnes ennemies, dont deux d'infanterie et une de cavalerie. Quand nous eûmes atteint le sommet d'un plateau qui nous les cachait, nous découvrîmes, en effet, l'armée turque rangée en bataille, et avec beaucoup plus d'ordre que nous ne l'avions vue jusqu'alors. Nous fîmes halte pour l'attendre. Lorsqu'elle s'approcha, nous reconnûmes que ces diverses colonnes étaient toutes de cavalerie.

Ils nous enveloppèrent comme ils avaient fait à Matarieh et essuyèrent, pendant une heure, le feu de notre artillerie auquel ils ne repondirent que par de faibles tiraillements.

A neuf heures et demie, un peloton parut à une demi-lieue sur nos derrières. On soupçonna

que ce pouvait être le général Kléber avec ses
guides. Lorsqu'il fut à cinq cents toises de nous,
la cavalerie ennemie qui nous enveloppait s'y
porta en foule. Notre cavalerie s'élança alors
avec rapidité et courut les dégager. Le général
en chef nous rejoignit après avoir reçu un coup
d'un bois de lance. Il était perdu si on eût
attendu un moment plus tard à le secourir.

Le bruit de notre artillerie lui avait fait hâter
sa marche et il avait devancé pour nous rejoindre
la colonne du général Belliard, avec laquelle il
avait campé la nuit précédente (1). On continua
à canonner l'ennemi jusqu'à l'arrivée de cette
dernière.

Il restait, en face de notre front, une forte
ligne de cavalerie assez bien rangée en bataille.

(1) Kléber n'avait avec lui que la compagnie de ses
guides et une faible escorte de cavalerie. Cette escorte
fut culbutée et les Turcs, après avoir sabré les conduc-
teurs, allaient emmener l'artillerie des guides lorsque
la cavalerie de Belliard arriva à leur secours.

Elle ne s'approcha qu'à grande portée de canon et ne tenta aucune charge. Nous la prîmes long-temps pour une colonne d'infanterie.

Vers onze heures le carré du général Bel-liard parut et nous rejoignit. L'ennemi alors se rallia autour de sa colonne de cavalerie qui était restée immobile et prit la direction de Salehieh.

Nous quittâmes alors les hauteurs du désert et nous nous rapprochâmes des bois de Koraïn. On fit halte près des citernes, pour laisser aux trou-pes exténuées de fatigue et de chaleur le temps de se rafraîchir. Nous poursuivîmes ensuite notre marche sur les traces de l'ennemi et nous nous arrêtâmes le soir à deux lieues et demie de Salehieh. Le bruit courait dans l'armée que les Turcs, qui n'avaient ni outres ni pain pour passer le désert, étaient résolus à se défendre à Salehieh plutôt que d'aller mourir dans les sables. On s'attendait à avoir une affaire le lendemain. Nous n'avions plus que pour deux jours de vivres, et si, en nous disputant avec leur infanterie les divers villages et le fort de Salehieh, ils eussent tenu la plaine avec leur cavalerie, ils eussent pu couper tous nos convois et nous mettre dans une situation critique. Mais la terreur que nous leur avions inspirée ne leur laissa faire aucune combinaison; ils prirent la fuite pendant la nuit et se jetèrent dans le désert au nombre de quarante mille (1).

Le 3 germinal (24 mars) à la pointe du jour nous partîmes du camp de (2), l'armée rangée en bataille, et nous nous dirigeâmes sur Salehieh. Nous y arrivâmes à huit heures. Nous trouvâmes le fort évacué, le camp abandonné,

(1) Rien à ajouter non plus à ce récit de la poursuite de l'armée vaincue par Kléber. Pendant ce temps Friant avait marché sur le Caire.

(2) Nom illisible, Kléber avait passé la nuit à Senekah, à deux lieues de Salahieh.

un grand nombre de tentes et de meubles
épars (1), le parc d'artillerie consistant en plusieurs pièces, mortiers et caissons dispersés
autour du fort. Les colonnes d'infanterie cam-
pèrent en avant du bois, la cavalerie continua
sa marche dans le désert (2) pour découvrir
l'arrière-garde de l'armée ottomane. Ils fuyaient
avec une telle précipitation qu'ils semaient sur
leur route le peu d'effets qu'ils avaient empor-
tés. Le soir toute l'armée étant réunie à
Salehieh, le général en chef décida qu'une
partie des troupes et de l'artillerie retournerait

(1) Le camp turc avait été pillé par les Arabes. Sur
un espace de trois quarts de lieue carrée, le terrain était couvert de tentes renversées, de coffres
brisés, de caisses remplies de vêtements, de parfums,
de selles et de harnais de chevaux ; on trouva plus de
quarante mille fers à cheval, douze litières dorées et
sculptées, des ameublements de prix. Les pièces d'artillerie étaient éparses et les munitions pillées.

(2) La cavalerie commandée par le général Leclerc
poursuivit les Turcs jusqu'au pont d'El-Kasneh.

sur-le-champ au Caire avec lui et que le lendemain, 4 germinal (25 mars), le général Belliard avec sa colonne partirait pour reprendre Lesbeh (1).

(1) Le général Belliard battit à Ech Choa'reh la division turque qui occupait Damielte et rentra dans le fort de Lesbeh. Sa marche à travers un pays inondé où il n'y avait aucun pont sur les nombreux canaux qui barrent la route, fut extrêmement difficile : il fallut décharger tous les caissons et coffrets de l'artillerie, passer les voitures à bras en les tirant avec une forte prolonge, et faire la chaine pour transmettre de main en main par-dessus la tête des hommes, les sachets, gargousses et paquets de cartouches; tous les hommes étaient plongés dans l'eau jusqu'aux aisselles et le général Belliard lui-même, entièrement nu, était en tête à la chaine. On trouva le fort de Lesbeh abandonné par l'ennemi.

VI

Reprise du Caire. — Assassinat de Kléber. — Commandement de Menou. — Dissensions dans l'armée. — Visite à Médine el Faioum. — Débarquement des Anglais. — Bataille de Canope. — Convention du Caire. — Évacuation de l'Égypte.

Nous repartîmes dès le jour même pour le Caire et nous allâmes coucher au camp que nous avions occupé la veille. Le 4 (24 mars), en passant à Cored, on fit fusiller tous les habitants qu'on put atteindre, parce qu'ils s'étaient joints aux Turcs lors de l'affaire que nous avions eue près de leur village. Nous nous rendîmes le même jour à Belbeis. Nous trouvâmes sur notre route un convoi de vivres qui nous apprit l'entrée des Osmanlis dans le Caire et la révolte générale de la ville (1). Je souffris beaucoup

(1) Nassif Pacha et Ibrahim Bey s'étaient jetés dans la ville du Caire, avec 10.000 Turcs, 2.000 Mamelucks et

dans cette journée. Mon cheval s'était abattu plusieurs fois de fatigue et j'étais contraint de marcher dans le sable et de le traîner par la bride. Je n'avais plus rien à manger.

Le lendemain le général Damas me prêta un cheval, nous allâmes camper près du bois d'El-Mareq. Nous entendîmes toute la journée et une partie de la nuit le canon du Caire.

Le 6, de grand matin, nous partîmes pour le Caire, nous dirigeant sur le fort Camin (1). A

8 à 10,000 fellahs de la province de Charqich, le jour même de la bataille d'Héliopolis. Ils attaquèrent, dans la maison du quartier général, l'adjudant général Duranteau, qui se défendit héroïquement avec deux cents hommes, jusqu'à l'arrivée de la brigade Lagrange, envoyée d'El-Khanka, le 20, par Kléber. Le général Verdier défendait la citadelle et les forts. Le général Friant arriva bientôt avec la brigade Donzelot, et la lutte devint très vive.

(1) Le fort Camin était gardé seulement par dix hommes, qui le défendirent victorieusement. Ce fort tenait son nom d'un adjudant général tué par les Arabes.

notre arrivée l'ennemi tira sur nous de plusieurs points. On canonna Boulacq. Le général en chef entra à la maison du quartier général, sur laquelle était dirigée l'artillerie des Osmanlis, et s'y établit. On forma avec les troupes qu'on put réunir, plusieurs camps qui rétablirent les communications extérieures autour de la ville. On s'établit dans le quartier cophte et sur la droite de la maison du général en chef, de manière à s'en tenir à environ cent cinquante toises.

Les Turcs avaient repris à Matarich cinq pièces parmi celles que nous y avions laissées et les avaient mises en batterie. Ils en avaient aussi déterré plusieurs dans la ville et s'en servaient pour battre en brèche la maison du quartier général. Nous établîmes plusieurs batteries pour leur répondre. On lança sur la ville un grand nombre de bombes, d'obus et de boulets. On se tiraillait continuellement dans les maisons, et, sur la place Esbekich (1), les Osmanlis, les Mameloucks d'Ibrahim et les habitants du Caire continuaient à se barricader dans les rues et les maisons. Ils ouvrirent sur la place une tranchée dont ils furent chassés.

Nous en ouvrîmes de notre côté pour assurer la communication des batteries. On plaça plusieurs pièces autour de la ville sur les hauteurs des décombres. Toutes ces hauteurs étaient gardées par des postes particuliers.

Le 10 germinal (31 mars) les Osmanlis ayant demandé à parlementer, on tendit au milieu de la place une tente où se rendirent le général Damas et le plénipotentiaire de l'armée turque. On convint d'une capitulation. Pendant ces parlementaires l'ennemi continuait ses travaux et établissait de nouvelles batteries.

(1) La place Esbekieh, sur laquelle était placée la maison du quartier général, était occupée par les Turcs, Kléber y pénétra par les jardins qui communiquaient avec l'intérieur de la ville.

Le lendemain il refusa d'exécuter la capitulation (1). Le feu recommença de part et d'autre. La division Reynier étant arrivée on resserra les postes du blocus. Nous fîmes plusieurs attaques particulières, nous nous emparâmes de plusieurs postes extérieurs et de quelques maisons. On tiraillait continuellement sur tous les points de l'enceinte. Il nous arriva de Rosette plusieurs convois de munitions. La citadelle et les forts continuèrent le bombardement.

Mourad bey, qui était campé à Tora (2) avec ses Mameloucks et douze à quinze mille Arabes, demanda la paix et il fut conclu un traité avec lui (3).

(1) La capitulation fut signée entre Kléber, Nassif Pacha et Ibrahim bey; mais la populace, craignant les vengeances de l'armée française, se souleva et s'opposa à l'exécution de cette convention.

(2) Tourah, sur la rive droite du Nil.

(3) La paix entre Mourad bey et Kléber fut négociée par l'intermédiaire de la femme du célèbre chef des

La division Belliard revint de Lesbeh dont elle s'était emparée (1).

A son retour elle s'empara de vive force de Boulacq qui avait partagé la révolte du Caire (2). Une partie de cette ville fut brûlée ; elle fut totalement pillée. On y trouva plusieurs magasins qui fournirent des ressources à l'armée. Après la prise de Boulacq, on fit sur le Caire des attaques plus vigoureuses. On s'empara de divers points, on porta le feu dans plusieurs quartiers. On débusqua l'ennemi de

Mamelucks : Mourad, depuis lors, resta l'allié fidèle des Français et fit immédiatement évacuer la haute Égypte par les troupes turques.

(1) Belliard, avec 1.200 hommes, avait battu 10 à 12.000 Ottomans ; il condamna les habitants de Damiette à payer une contribution de deux mille francs.

(2) C'est le général Friant qui, le 15 avril, au matin, attaqua Boulac. Les retranchements furent enlevés d'assaut. Les insurgés se défendirent de maison en maison, l'incendie put seul avoir raison d'eux. Les deux tiers de la ville étaient aux mains des Français lorsque les habitants se rendirent à merci.

plusieurs postes en tournant ses barricades par l'intérieur des maisons. On fit sauter une mine dont l'effet fut complet et porta l'épouvante dans la ville. Nous apprîmes la reprise de Suez par un détachement français.

Le 29 germinal (19 avril) les Osmanlis demandèrent à traiter, et le 1ᵉʳ floréal (21 avril) on leur accorda la capitulation, qu'ils commencèrent à exécuter le lendemain et dont les conditions furent entièrement remplies le 5 (25 avril).

Ils partirent pour Salehieh escortés par la division Reynier, et de là pour la Syrie où ils se rendirent en traversant le désert. Plusieurs riches habitants du Caire les suivirent.

Les Osmanlis nous laissèrent quinze pièces d'artillerie, dont deux avaient été coulées récemment pour nous renvoyer nos boulets de gros calibres. Ils fabriquaient par jour environ douze cents livres de poudre et un grand nom-

bre de boulets de fer battu. Ils nous renvoyaient
tous les nôtres et même les éclats de nos
bombes. Ils montrèrent beaucoup d'opiniâtreté
dans la chicane des postes. Mais ils ne mirent
aucun ensemble dans leur défense et n'osè-
rent rien tenter de sérieux au dehors de la
place.

Pendant le mois de floréal (du 20 avril au
20 mai), l'armée reprit successivement tous les
anciens postes. Je vins m'établir à Gizeh. Au
commencement de prairial (vers le 20 mai), une
flotte turque paraît devant Aboukir. Le général en chef part pour Rhamanieh avec un corps
de troupes, il forme un camp d'observation et
revient au Caire, où on répandait le bruit de
son départ pour la France.

Le 25 prairial (14 juin 1800) le général
Kléber est assassiné dans son jardin du Caire,
par un Syrien. L'assassin est arrêté et confesse
qu'il a été envoyé de Gaza par un Agha de

l'armée ottomane (1). Le 28 (17 juin), funérailles
du général Kléber, il est déposé au fort d'Ibrahim bey. Exécution de l'assassin et de ses com-
plices (2).

(1) Kléber, après la bataille d'Héliopolis et la reprise
du Caire, administra sagement l'Égypte. Son assassin
était un jeune musulman nommé Soleyman, soudoyé par
le grand vizir; il se regardait comme l'instrument de la
vengeance céleste, et, secondé par la complicité des
fanatiques du Caire, dont Kléber s'était attiré la haine,
il trouva moyen de pénétrer dans le palais du général
en chef et le frappa mortellement d'un coup de poignard. Soleyman donna ensuite cinq ou six coups de
poignard à l'architecte Protain qui accompagnait Kléber, s'échappa et ne put être arrêté qu'à grand'peine.

(2) 28 prairial (19 juin). Les funérailles de Kléber
furent célébrées en grande pompe, Mourad s'y était
fait représenter. Une brèche fut pratiquée dans la cou-
ronne d'Ibrahim bey pour permettre d'y pénétrer
directement. L'éloge funèbre fut prononcé par Fourier.
Immédiatement après eut lieu le supplice de Soleyman,
condamné, par une commission militaire que présidait
le général Reynier, à être empalé. Trois ulémas, qui
avaient accueilli ce jeune assassin lors de son arrivée
au Caire, eurent préalablement la tête tranchée.

Le général Menou commande l'armée (1). Je passe à Gizeh le mois de messidor (du 20 juin au 19 juillet). Le 9 thermidor (28 juillet), je remets à M. Courtenay, capitaine anglais, des lettres pour la France et l'Allemagne.

Le 14 fructidor (1er septembre), on célèbre la naissance de Mahomet. L'état-major général a diné chez le cheick el beckri (2). Il nous a beaucoup ennuyé avec sa musique, la ville a été illuminée.

(1) La prise de possession du commandement en chef intérimaire par Menou ne se fit pas sans difficulté. Son rang d'ancienneté l'appelait naturellement à prendre le commandement. Il demanda lui-même à être déchargé de ce fardeau et à être remplacé par Reynier, le plus ancien après lui, désigné en outre par ses talents militaires. Reynier, espérant peut-être devenir le chef réel de l'armée sous le commandement nominal de Menou, supplia celui-ci d'user de son droit. Menou parut céder à ces instances et prit le titre de général en chef de l'armée d'Orient.

(2) Cheikh el Bekri, chef religieux du Caire.

Le 29 thermidor (17 août), on a ouvert le
Calidge du Caire (1).

Le pavillon élégant, destiné à recevoir l'état-
major, est tombé la veille. Il s'est rassemblé à
la digue un grand concours d'habitants pendant la nuit qui a précédé l'ouverture. La fête
a été bruyante.

Le 12 fructidor (30 août), j'étais parti de Gizeh

(1) Le *Khalig* est un canal traversant le Caire. Lorsque
la crue du Nil est assez haute, on y introduit les eaux
en coupant la digue qui en ferme l'entrée; c'est le
commencement de l'inondation. La coupure est l'occasion de cérémonies solennelles et de fêtes popu-
laires, le peuple se porte en foule dans l'île de Rodah
et près de l'embouchure du canal; des barques
pavoisées portent les principaux fonctionnaires; au
premier coup de canon les ouvriers sapent la
digue avec vigueur : des cris de joie partent de
toutes les bouches. Dès que les eaux ont assez de
force, elles entraînent une colonne en terre de douze
à quinze pieds de haut, élevée à vingt pas environ
au-dessous de la digue, et les barques entrent dans
le canal.

pour Benisouës (1). Franceschi est fort malade.

Le 29 fructidor (16 septembre), je suis revenu au Caire.

Le 1ᵉʳ complémentaire (18 septembre), Auguste est arrivé de France. Je n'ai point reçu de lettres.

Le 1ᵉʳ vendémiaire (23 septembre), on célèbre la fête annuelle. Elle a été brillante et peu animée.

Le 5 vendémiaire (27 septembre), reparti pour Benisouës.

Le 14 (6 octobre), j'apprends la mort de Franceschi (2).

---

(1) Beni-Souef, chef-lieu de la province de ce nom, à 50 kilomètres au sud du Caire, sur la rive gauche du Nil. C'était l'entrepôt des produits du Fayoum.

(2) Cet ami de Malus lui avait témoigné un dévouement absolu pendant qu'il était malade de la peste à Jaffa.

Le 29 (21 octobre), envoyé à L... (1) un mémoire sur la lumière.

Le 11 brumaire (7 novembre), à huit heures du matin, reçu un paquet de France : une lettre de mon père, deux de ma mère et une de Giessen, un an de date !

Le 12 brumaire (3 novembre), au soir, reçu un second paquet de France. Elles sont apportées par un officier de la garde consulaire arrivé de Toulon.

Nous apprenons la reprise des hostilités avec l'empereur et la prise de Malte.

Ce fut à cette époque que j'appris que les dissensions qui régnaient entre les chefs de l'armée venaient d'éclater. Cette nouvelle m'affligea. Un grand nombre d'innovations inutiles, des propos tenus contre le général Kléber, une intention manifeste de ternir sa mémoire, un

(1) Lepère, Leroi ou Larrey, seuls membres de l'Institut d'Égypte, dont le nom commençât par une L.

ordre qui soumettait les successions des Français aux mêmes lois que celles des Turcs, etc.,
furent les griefs qu'on imputa au général
Menou. De son côté, il prétendit que l'animosité
des généraux venait de l'intention qu'il avait
manifestée de conserver la colonie, à quelque
prix que ce fût, de sa générosité envers les habitants, etc. De vieilles haines se réveillèrent,
l'opiniâtreté s'en mêla, de fausses démarches
furent commises de part et d'autre. Des chefs
de corps prirent part à cette lutte ; l'espionnage
s'établit, l'indignation fit parler les uns, la
crainte fit taire les autres. La méfiance, si
inconnue dans les armées, se répandit peu à peu,
la franchise fut étouffée (1).

(1) Arago, qui a sans doute cité de mémoire l'« Agenda
de Malus », dans l'éloge de ce savant, lui prête bien à tort
une accusation violente contre Menou qui aurait assassiné moralement Kléber. Malus n'est ici que le rapporteur
des faits, et il reproduit les allégations portées de part
et d'autre sans les juger. Menou avait été confirmé par le

Le 10 frimaire (1er décembre), la caravane de Darfour arriva à Beni-Souès avec un grand nombre d'esclaves. J'achetai Zamour, âgé d'environ neuf ans.

Le 24 nivôse (14 janvier 1801), j'ai été à Mé-

premier consul dans les fonctions de général en chef; choix déplorable. Menou, qui ne manquait pas de talents comme administrateur, était inepte comme général et manquait de dignité. Entouré de flatteurs, il affecta les allures les plus autoritaires, prodigua les nominations aux grades supérieurs, sans qu'il y eût même des emplois vacants, éloigna de lui tous les officiers qui étaient en faveur auprès de Kléber et notamment le chef d'état-major Damas. Il avait abjuré le christianisme pour se faire musulman et épouser une femme turque, ce qui le rendit ridicule aux yeux des soldats, encouragea l'espionnage et la délation et fit si bien que l'armée fut partagée en deux camps. Napoléon lui conserva toute sa faveur, tandis que les généraux exaltés par le parti opposé, tels que Reynier et Damas, restèrent fort mal en cour pendant toute la durée de l'Empire. Les haines violentes suscitées par les dissensions de l'armée d'Égypte subsistèrent longtemps. Le fameux duel qui eut lieu à Paris en 1804 et dans lequel Reynier tua le général Destaing, n'eut pas d'autre motif.

dine el Faioum (1). Je désirais depuis longtemps voir la province qui entoure cette ville. C'est une presqu'île isolée dans le désert et qui ne communique à l'Égypte que par la vallée du canal Joseph. Elle est embellie par les travaux des Romains et des Arabes. Un grand nombre de ponts, de déversoirs, de chaussées, un système d'irrigation bien calculé, des champs de vignes et d'osiers, des manufactures d'étoffes de diverses espèces sont les objets qui distinguent cette province du reste du pays.

Elle est d'ailleurs sans cesse entourée d'Arabes qui la dévastent et qui font souvent le blocus de la ville.

Le 8 ventôse (27 février), j'ai reçu une lettre de mon père, du 20 nivôse (10 janvier 1801) (2),

(1) *Médinet el Fayoum.* Le Fayoum, peuplé aujourd'hui de 60.000 habitants, est encore très riche.

(2) On voit par là à quel intervalle s'échangeaient les correspondances.

et une de Giessen, du 13 nivôse (3 janvier), en réponse à celles que j'écrivis de Beni-Souès le 20 brumaire (9 novembre).

Le 14 ventôse (5 mars), nous apprenons que le 10 (1er mars), les Anglais ont paru devant Aboukir (1). Nous recevons successivement plusieurs lettres et nous sommes étonnés que le général en chef ne parte pas du Caire.

Le 18 ventôse (11 mars), reçu une lettre de Paris, de mon oncle, datée du 11 pluviôse (31 janvier).

(1) C'est le 10 ventôse (1er mars) que les escadres anglaise et turque parurent devant la rade d'Aboukir. Trois officiers du génie anglais furent pris faisant la reconnaissance de la côte sous Aboukir. On s'attendait à voir toute l'armée marcher sur Aboukir; au lieu de cela, Menou dissémina ses forces; sourd à toutes les représentations, il n'envoya à Aboukir que le 22e chasseurs fort de 200 chevaux, fit partir Reynier pour Belbeis, Morand pour Damiette et Lanusse pour Rahmanieh, mais seulement le 5 mars.

Le 24 (15 mars), nous apprenons que les Anglais ont débarqué le 17 (8 mars) (1), qu'ils ont repoussé le général Friant, qu'ils se sont établis dans la presqu'île, que le général en chef est enfin parti avec l'armée.

Le 27 (18) nous apprenons l'affaire du 22 (13 mars) (2). Nous nous attendons à descendre incessamment de la haute Égypte.

Le 7 germinal (28 mars), nous apprenons que l'on a attaqué les Anglais dans leurs positions,

(1) Le 8 mars, les Anglais débarquèrent, au nombre de près de 6.000, sur la plage d'Aboukir. Friant ne pouvait leur opposer que 1.650 hommes. Après une lutte énergique, il fut obligé de se replier sur Alexandrie. Menou apprit ces nouvelles le 11 mars.

(2) Le 11 mars, Lanusse arriva à Alexandrie, réunit ses troupes à celles de Friant et prit le commandement. Il avait en tout 14.000 hommes. Il attaqua l'armée anglaise le 13 : le nombre l'écrasa, malgré les belles charges des 3e dragons et 22e chasseurs. Les Anglais perdirent plus de 1.500 hommes. La nouvelle de cette affaire parvint à Beni-Souef le 18 mars.

qu'ils se sont vigoureusement défendus ; qu'ils
étaient appuyés par de bons retranchements
qu'on leur avait donné le temps d'achever ; que
leur artillerie nous avait fait infiniment de mal,
que nous avions perdu plusieurs généraux et
qu'enfin, après beaucoup de manœuvres insigni-
fiantes, nous nous étions retirés ; que le général Menou s'était établi sur les hauteurs de
Canope (1).

Le 14 germinal (4 avril), le général Donze-

(1) Bataille de Canope livrée par Menou au général
anglais Abercromby, le 21 mars. Le général anglais
fut blessé à mort, ainsi que les généraux français
Lanusse, Beaudot, Roize ; celui-ci commandait la cavalerie et fit, dans les conditions les plus désavan-
tageuses, une charge superbe, mais la blessure mor-
telle de Lanusse, qui conduisait l'attaque principale,
décida de la défaite des Français, défaite qui entraîna
la perte de l'Égypte. Cette défaite doit être attribuée
à Menou qui ne sut pas amener des forces suffisantes
sur Alexandrie et laissa son armée disséminée dans
l'intérieur de l'Égypte. En outre, Menou fut incapable
de prendre aucune disposition, ne sortit de son inertie

lot (1) arrive de Siout (2) et nous partons avec lui pour le Caire, évacuant le fort de Benisouës. Nous arrivons le 18 (8 avril) au Caire, nous apprenons que le vizir se dispose à marcher sur Salehieh et Belbeis, qui n'étaient plus défendus que par de faibles garnisons ; que le général Menou s'obstine à conserver la position d'Alexandrie (3). Notre colonne est destinée à couvrir

que pour donner à la cavalerie l'ordre le plus intempestif.

(1) *Donzelot*, né en 1764, soldat en 1783, général de brigade en 1799. Se distingua particulièrement à Héliopolis. Général de division en 1807. Gouverneur des îles Ioniennes sous l'Empire et de la Martinique sous la Restauration. Mort en 1843.

(2) *Siout*, chef-lieu de province, à 300 kilomètres au sud du Caire. Entrepôt du commerce avec le Darfour. C'est là qu'était le quartier général de la division de la haute Égypte.

(3) Après la bataille de Canope, Menou s'établit en avant d'Alexandrie et continua à disperser ses forces pour garder toute l'Égypte. Un corps de 4.000 hommes, sous le commandement du général Lagrange, fut ins-

le Caire (1). Nous étions environ douze cents hommes pour résister à l'armée du vizir (2). On décide dans un conseil de guerre qu'on évacuerait Salehieh et Belbeis aussitôt que l'ennemi se présenterait.

Les garnisons étaient chacune d'environ deux cents hommes. Le 28 (8 avril), elles vinrent nous rejoindre au Caire et nous annoncèrent l'armée turque. Dans le même temps, les Anglais et les Turcs qu'ils avaient à leurs ordres, s'emparaient de Rosette (3) et du fort Julien,

tallé à Rhamanieh pour s'opposer à la marche des Anglais, qui venaient de s'emparer de Rosette.

(1) D'après les Mémoires de Reynier, il y avait, au Caire, 2.000 hommes environ.

(2) L'avant-garde du vizir arriva à Salehieh le 19 germinal (9 avril) et à Belbeis le 21 (11 avril). L'armée turque, forte de 25.000 hommes, occupa Belbeis le 10 floréal (30 avril), elle s'y retrancha et s'accrut rapidement des bandes venues d'El-Arisch, elle resta à Belbeis pour attendre l'armée turque venue des Indes.

(3) Rosette était tombée au pouvoir des Anglais, le 18 germinal (8 avril). Le fort Julien qui défendait cette

qui n'étaient pas défendus, malgré la proximité d'Alexandrie où était l'armée. Cela leur donna entrée dans le Nil. Au commencement de floréal, le général en chef envoya à Ramanieh une colonne mobile pour soutenir les communications avec le Caire. Elle fut renforcée le 21 (11 avril) d'un corps d'armée commandé par Lagrange et destiné à arrêter la marche des Anglais sur le Caire ou leur réunion avec les Turcs (1). Le vizir était à Belbeis. Tandis que les Anglais étaient occupés aux préparatifs de leur expédition du Caire, il fallait par une marche hardie tomber sur le vizir, dont l'armée était à peine réunie et encore toute désorga-nisée. Le corps d'armée du général Lagrange devait être employé à cette opération. Son

ville capitula le 29 (19 avril), après une résistance opiniâtre.

(1) Les troupes envoyées en avant de Rahmanich par ordre de Menou se trouvaient réunies à El Atf, le 29 ger-

inaction est une des grandes fautes de la campagne. Ce corps était établi à El Aft, dans un mauvais poste en avant de Ramanieh.

Les Anglais avaient fait depuis quelque temps une opération majeure qui leur valut un renfort de trente mille hommes pour le blocus d'Alexandrie. Ils avaient coupé la digue qui sépare le lac Madieh du Maréotis (1), et avaient fait de ce dernier une petite mer qui enveloppait Alexandrie. Les communications devenaient de plus en plus difficiles. Le général en chef annonce à l'armée qui était à El Aft, qu'il allait la rejoindre avec une partie des troupes devenues

minal (9 avril). *El'Atf*, chef-lieu d'arrondissement, province de Baheirah.

(1) Le lac Maréotis est le plus occidental des lacs du nord de l'Égypte. Le lac Madieh était situé au nord-est d'Alexandrie, vers l'ancienne bouche du Nil dite de Canope. La digue dont il est ici question était la digue du canal d'Alexandrie. Le lac Maréotis, qui avant cette opération était à sec, quoique marécageux pendant une partie de l'année, fut ainsi rempli par les eaux de la mer.

inutiles à la défense d'Alexandrie par le progrès de l'inondation. En effet la défense de la place se réduisait alors à un seul front ou à deux faces.

Le général Menou ne vint pas.

Le 15 floréal (5 mai), il partit d'Alexandrie un convoi qui devait être le dernier, qui eut beaucoup de peine à traverser les eaux qui croissaient rapidement.

Le 17 floréal (7 mai), un mouvement des Anglais força le général Lagrange à quitter la position d'El Aft. Comme il n'occupait pas la rive droite du Nil, il avait été débordé par un corps d'armée Anglais et Turc. Il perdit plusieurs barques qu'il n'avait pas fait filer à temps. Il se reploya sur Rhamanieh qui n'offrait aucune position pour la défensive. Il fut attaqué le 19 (9 mai), et les manœuvres combinées de l'ennemi le forcèrent à évacuer pendant la nuit, abandonnant le fort et un grand nombre de barques chargées de munitions qu'on coula dans le Nil.

Le 22 (12 mai), il arriva au Caire et se joignit à nous pour la défense de ce poste (1).

Le 24 (14 mai), au matin, le général Belliard, laissant au Caire environ deux mille hommes (2), marcha avec le reste de l'armée sur Belbeis pour tâter l'armée du vizir. Il en rencontra une partie à El Menaier (3), le 26 (16 mai). Après le combat, l'ennemi montrant l'intention de se jeter sur le Caire avec

(1) D'après Bonaparte, l'arrivée du général Lagrange et la rentrée de plusieurs détachements portèrent l'effectif des troupes du Caire à plus de treize mille hommes, y compris les blessés et les malades. Ces chiffres sont ceux donnés par les états officiels après la capitulation. D'un autre côté, le général Reynier évalue la garnison du Caire à huit mille hommes.

(2) D'après Napoléon, Belliard aurait laissé au Caire, huit mille hommes, y compris les blessés et les malades, effectif beaucoup trop fort pour garder la place. Il aurait dû laisser au Caire un millier d'hommes et marcher avec dix mille hommes, dont mille hommes de cavalerie.

(3) Près d'El Hanka, sur la route de Belbeis.

sa cavalerie, on revint à la défense de la place (1). Depuis notre arrivée au Caire nous nous occupions à nous retrancher, on continua les lignes avec activité. On reporta une partie de la défense sur le Nil pour s'opposer à la flottille anglaise. On dispersa les troupes sur une étendue de 12,600 toises qui formait le contour du terrain que nous avions à défendre.

Le 20 prairial (9 juin), on aperçut le camp

(1) Belliard, d'après le général Reynier, avait avec lui cinq mille quatre cents hommes, dont neuf cents de cavalerie. Le feu de l'artillerie française éteignit promptement celui de l'artillerie ennemie. La cavalerie chargea sur les pièces et en prit deux. L'infanterie, formée en carrés, résista aux attaques des cavaliers du vizir. Belliard ordonna néanmoins la retraite.

Ce mouvement de retraite a été très blâmé par Napoléon. « Le général Belliard, dit-il, se laisse imposer par le mouvement offensif du grand vizir, au lieu de marcher en avant et de rejeter au delà du désert cette canaille si peu redoutable, et il s'alarme mal à propos. »

anglais et la flottille, on entendit plusieurs coups de canon tirés dans le camp du vizir. Ils étaient à trois lieues du Caire (1).

Le 24 prairial (13 juin), les dromadaires partis le 23 du mois dernier (13 mai) sont arrivés d'Alexandrie (2), ils nous annoncent que les Arabes approvisionnent Alexandrie, que la tranquillité y règne. Ils ont traversé le désert sans être inquiétés.

(1) Le général Hutchinson, commandant en chef de l'armée anglaise, marcha sur le Caire avec une extrême lenteur, et mit quarante jours pour faire la route de Rahmanieh à Embabeh, que les troupes françaises avaient parcourue en quatre jours. Parvenu le 10 juin à trois lieues du Caire, il arriva près d'Embabeh le 20 juin, pour investir Gizeh sur la rive gauche du Nil. Un pont de bateaux fut établi à Chobra pour communiquer avec l'armée turque, qui entourait le Caire sur la rive droite. Le corps débarqué des Indes à Kosséir, le 23 mai, atteignit le Nil à Kéneh, le 8 juin, et se trouvait seulement près de Siout, quand la convention du Caire fut signée.

(2) 23 floréal, 13 mai. Ce convoi avait donc mis juste un mois pour venir d'Alexandrie.

Le 23 (12 juin), les Anglais et les Turcs ont levé leur camp et se sont rapprochés de nous.

Alexandrie n'étant pas bloqué exactement, sa position est beaucoup meilleure que la nôtre. Il n'est pas attaqué et il est approvisionné. De notre côté au contraire nous avons à défendre avec six mille hommes un espace de six lieues contre une armée de quarante mille hommes, nous avons une ville ennemie à dos, et il ne nous vient plus de vivres du dehors. On dit que nous avons des vivres pour deux mois.

26 (15 juin), l'avant-garde des Turcs a rapproché son camp sur la rive droite. Attaqué les avant-postes.

27 (16 juin), les Anglais ont avancé leur camp sur la rive gauche, à une demi-lieue d'Embabeh. Les avant-postes se sont tiraillés toute la matinée.

Nous sommes évidemment beaucoup trop

faibles pour la position que nous occupons, et nous ne pouvons en occuper d'autres. On compte sur les lenteurs de l'ennemi.

28, 29, 30 prairial (17, 18 et 19 juin), l'ennemi fait des reconnaissances sur la ligne et sur Gizeh. Nous continuons nos travaux. Les Osmanlis brûlent des villages et des champs de blé. Il n'y a plus de viande pour nos troupes.

1er messidor (20 juin), le vizir vient établir son camp à une demi-lieue de la ligne en avant du Caire, attaque le fort Sulkowski (1).

2 messidor (21), les Anglais et leur corps d'armée turc quittent leur position et viennent se camper en avant de Gizeh (2).

Au Caire, on continue la défense du fort Sulkowski.

(1) Fort Sulkowski, ainsi nommé en souvenir d'un aide de camp de Bonaparte, tué pendant la révolte du Caire, le 22 octobre 1798.

(2) D'après les mémoires de Reynier, les Anglais auraient investi Gizeh le 20 juin et non le 21.

3 (22 juin). Nous apprenons que Copenhague a été pris par les Anglais, qu'ils ont brûlé l'Arsenal et ont fait la paix avec le Danemark. On dit que la Russie a aussi fait la paix avec l'Angleterre. On a su cela par un parlementaire anglais.

4 (23 juin). On commence des négociations en avant de Gizeh. Le soir, conseil de guerre où il est décidé à l'unanimité que notre position n'est pas tenable et qu'il faut traiter si on nous offre des conditions avantageuses, afin de sauver les honorables débris de l'armée d'Orient (1).

(1) L'unanimité du conseil ne fut pas absolue. Le colonel Dupas, commandant la citadelle (depuis lors général de division), insista fortement pour qu'on livrât bataille, et refusa avec les généraux Lagrange, Duranteau et Valentin, d'adhérer à la décision du conseil. Le général Donzelot proposa de se retirer dans la haute Égypte, le général Morand ouvrit l'avis de se frayer un passage pour aller prendre possession de Damiette. On écarta le mot capitulation pour accepter celui de convention :

5 (24 juin). On continue les négociations.

6 (25 juin). Le trève de quarante-huit heures est prorogée jusqu'à nouvel ordre. On négocie.

9 (28 juin). La convention est arrêtée, l'armée en est prévenue par un ordre du jour.

Nous devons évacuer le Caire dans douze jours, Gizeh dans dix-sept, et nous retirer en armes et bagages sur Rosette, où nous serons embarqués et entretenus aux frais des puissances alliées.

Nous devons être embarqués au moins dans cinquante jours.

ce qui ne changea rien au fond des choses. Bonaparte blâma vivement la convention du Caire. Cependant le général Belliard qui l'avait signée fut en grande faveur sous l'Empire. Lorsque la convention fut signée, il y avait encore pour deux mois de vivres, mais la poudre menaçait de manquer. La troupe n'avait pas reçu de solde depuis le commencement de février, et il ne restait plus que trente mille francs en caisse.

Dans la nuit du 15 au 16 (du 4 au 5 juillet), les dromadaires arrivent d'Alexandrie, ils nous apportent l'ordre de vaincre ou mourir. Le général Menou sachant que nous sommes réduits à l'extrémité, que nous ne pouvons rien faire et que nous sommes entourés par des forces immenses, cet ordre ne peut venir que d'un homme dont le sens n'est pas rassis. Si nous nous faisions tailler en pièces uniquement pour procurer au général Menou l'occasion d'en faire une fanfaronnade auprès du gouvernement, nous nous déshonorerions aux yeux du monde entier.

A moins que le général Menou ait bien décidément l'intention de nous déshonorer et de nous détruire, il laissera paisiblement exécuter l'honorable traité que nous avons conclu (1).

Les Anglais se comportent avec beaucoup

(1) Le général Menou signa lui-même, quelques jours après, une convention semblable, à Alexandrie.

de décence. Les Turcs sont las de tout ceci et veulent en finir à tel prix que ce soit.

Le 17 (6 juillet), on a transporté à bord d'une djerme le cercueil du général Kléber. Cette cérémonie s'est faite avec beaucoup de pompe et avec tout l'appareil militaire de ses premières funérailles (1).

Le 19 (8 juillet). Mohammed Raoui bachi du grand vizir commandant un corps de cavalerie turque.

Le 20 (9 juillet), les officiers anglais et turcs sont venus reconnaître les forts et la ligne.

On tient d'eux que le lord Keith doit être incessamment remplacé par Nelson.

On ne suppose pas que ce changement apporte rien de nouveau aux affaires.

(1) Cette cérémonie fut saluée par les salves d'artillerie de tous les forts et des canons de l'armée anglaise et de l'armée turque.

Le 21 (10 juillet), à quatre heures du matin, on a évacué le Caire et les forts. Les Turcs et les Anglais s'en sont emparés. Nous sommes retirés à Ibrahim-Bey, île de Raouda et Gizeh.

Le 22 (11 juillet), j'ai reçu une lettre de mon père en date du (1)   ; une autre en date du   contenant une de Giessen du   et une de mon oncle en date du

Le 24 (13 juillet), j'ai été passer la journée au camp du capitan-pacha.

Le 25 (14 juillet), l'armée a campé hors de Gizeh, je me suis embarqué pour suivre la colonne sur une djerme.

Le 26 (15 juillet), nous sommes partis de Gizeh.

Le 28 (17 juillet). Nous sommes arrivés à Wardan où nous avons séjourné.

(1) Cette dernière page de l'*Agenda de Malus* est pleine de lacunes.

14 juillet Gizeh, 15 El-Kouradan, 16 El-Katta, 17 Wardan, 18 séjour, 19 Lac mas, 20 El-Kan, 21 Mehallet-Achmet, 22 séjour, 23 Eschimé.

Les troupes de la garnison du Caire, escortées par une partie des armées anglaise et turque jusqu'à Rosette, s'embarquèrent le 7 août dans la rade d'Aboukir et débarquèrent à Toulon et Marseille dans le courant d'octobre avec leurs armes, leurs canons et leurs drapeaux. Alexandrie capitula le 2 septembre, la garnison fut embarquée du 14 au 30 septembre à Aboukir, dans les mêmes conditions que celle du Caire. Les généraux Destaing, Delzons et Zayonschéck, ainsi que le colonel du génie Bertrand, émirent seuls dans le conseil convoqué par Menou, l'avis de se défendre jusqu'à la dernière extrémité. Ainsi finit l'expédition d'Égypte.

FIN.

TABLE

9 782014 458367